2019 中国金融标准化报告

China Financial Standardization Report

中国人民银行

中国金融出版社

责任编辑：肖　炜　董梦雅
责任校对：李俊英
责任印制：程　颖

图书在版编目（CIP）数据

中国金融标准化报告.2019／中国人民银行编.—北京：中国金融出版社，2020.5
ISBN 978－7－5220－0611－6

Ⅰ.①中…　Ⅱ.①中…　Ⅲ.①金融—标准化—研究报告—中国—2019　Ⅳ.①F832－65

中国版本图书馆 CIP 数据核字（2020）第 072369 号

中国金融标准化报告.2019
ZHONGGUO JINRONG BIAOZHUNHUA BAOGAO.2019

出版
发行　中国金融出版社
社址　北京市丰台区益泽路 2 号
市场开发部　（010）66024766，63805472，63439533（传真）
网上书店　http：//www.chinafph.com
　　　　　（010）66024766，63372837（传真）
读者服务部　（010）66070833，62568380
邮编　100071
经销　新华书店
印刷　北京侨友印刷有限公司
尺寸　210 毫米×285 毫米
印张　9
字数　150 千
版次　2020 年 5 月第 1 版
印次　2020 年 5 月第 1 次印刷
定价　80.00 元
ISBN 978－7－5220－0611－6
如出现印装错误本社负责调换　联系电话（010）63263947

《中国金融标准化报告（2019）》编委会

主 任 委 员：范一飞

副主任委员：梁　涛　赵争平　李　伟　官学清　张青松　刘秋万
　　　　　　金磐石　郭　莽

委　　　员：（以姓氏笔画为序）
　　　　　　马国光　王　敏　孔庆文　布建臣　包香明　邢桂伟
　　　　　　朱玉红　朱建强　刘林科　刘铁斌　李春亮　李朝晖
　　　　　　李曙光　杨富玉　宋汉石　张　斌　陆书春　陈满才
　　　　　　姚　前　周云晖　高　峰　黄　山　崔　蒐　梁　峰
　　　　　　韩兆云　程　立　程红莉　强群力

审　　　稿：（以姓氏笔画为序）
　　　　　　车　珍　曲维民　李兴锋　吴海丽　沈筱彦　周祥昆
　　　　　　孟庆顺　程　源　虞　瑾

统　　　稿：（以姓氏笔画为序）
　　　　　　曲维民　王思源　王湃涵　冯　蕾　冯　霞　李佳凝
　　　　　　赵梦洁　赵　磊　陶丽雯

执　　　笔：（以姓氏笔画为序）
　　　　　　第一章：马小琼　马若瑜　马婧怡　王　丽　王思源
　　　　　　　　　　邓琳莹　刘　运　刘　彬　刘启滨　刘晓鸣
　　　　　　　　　　孙　坚　李佳凝　吴柳飞　张浩宸　陈慧娟

　　　　　周　天　赵梦洁　胡一兵　侯玉华　秦　逞
　　　　　聂丽琴　栾　欣　高红洁　陶丽雯　常丽娜
　　　　　谭　旺　魏　伟
第二章：王湃涵　冯　蕾　刘　莲　刘燕青　杨　倩
　　　　　茅　廷　金　睿　赵芳旭　贺　宇　贾树辉
　　　　　落红卫　谢彦丽
第三章：马若瑜　马婧怡　刘　进　汤沁莹　孙宏伟
　　　　　赵梦洁
第四章：王肃钰　兰　烽　许　婷　孙英品　李登希
　　　　　余　玲　张伟宁　陈卫东　胡沐创　侯玉华
　　　　　侯晓晨　郭金罡　郭　俭　葛仁余
第五章：马　哲　宁海峰　李　宽　李丽红　李俊斌
　　　　　杨子砚　陈雪秀　罗雅方　夏　蕊　高　波
　　　　　康　枫　韩　静　薛　勇
第六章：王思源　赵　磊

目　录

第一章　2019 年金融标准化发展综述

第一节　金融标准化管理 ·· 3
第二节　金融标准化体系建设 ·· 9
第三节　金融标准制修订 ··· 12
第四节　金融标准化宣传推广 ··· 14
第五节　金融标准化培训 ··· 21
第六节　金融标准检测认证 ·· 26
第七节　金融标准实施评估 ·· 29
第八节　金融标准创新建设试点 ·· 31
第九节　金融标准化成效 ··· 33

第二章　金融标准国际化

第一节　金融标准国际化跟踪与研究 ·· 39
第二节　参与国际标准化工作情况 ··· 48
第三节　金融标准化国际交流 ··· 55

第三章　金融国家标准和行业标准应用

第一节　《保险术语》国家标准应用 ·· 61
第二节　《移动金融客户端应用软件安全管理规范》行业标准应用 ·········· 63
第三节　《中国金融集成电路（IC）卡规范》（共 14 部分）行业标准应用 ········ 65
第四节　《银行间市场基础数据元》与《银行间市场业务数据交换协议》（共 3 部分）行业标

	准应用	67
第五节	《证券期货业软件测试规范》行业标准应用	69
第六节	《保险电子签名技术应用规范》行业标准应用	73

第四章　金融团体标准和企业标准应用

第一节	《条码支付受理终端检测规范》及《条码支付移动客户端软件检测规范》团体标准应用	79
第二节	《金融自助设备运维服务规范》团体标准应用	80
第三节	《江苏银行网上银行服务规范》企业标准应用	82
第四节	《盛京银行营业网点服务基本要求》企业标准应用	84
第五节	福建联迪《支付受理终端》和《销售点终端》企业标准应用	85

第五章　金融标准化研究

第一节	有关绿色金融标准若干方面的探讨	91
第二节	金融大数据标准体系研究	96
第三节	保险行业信息技术风险管理标准体系研究	100
第四节	生物认证在金融支付领域的应用和管理模式研究	105

第六章　2020年金融标准化工作展望

附　录

附录A	2019年中国金融标准化大事记	119
附录B	2018—2019年度金融标准化重点研究课题获奖名单	122
附录C	2019年发布、在建金融标准一览表	125
附录D	ISO/TC 68 已发布标准一览表	133

第一章
2019年金融标准化发展综述

- 金融标准化管理
- 金融标准化体系建设
- 金融标准制修订
- 金融标准化宣传推广
- 金融标准化培训
- 金融标准检测认证
- 金融标准实施评估
- 金融标准创新建设试点
- 金融标准化成效

2019年，在中国人民银行（以下简称人民银行）的领导下，在国家标准化管理委员会（以下简称国家标准委）的指导下，全国金融标准化技术委员会（以下简称金标委）全面贯彻落实党中央、国务院决策部署，坚持"以人民为中心"的金融发展观，落实标准化改革各项战略，加强标准供给，强化标准实施，助力金融服务实体经济、防范金融风险、深化金融改革开放，进一步推动金融服务提质增效，推进金融治理现代化，提升金融体系适应性，增强金融体系竞争力。

第一节　金融标准化管理

一、巩固金融标准化基础

（一）健全完善组织架构

2019年11月20日，金标委2019年工作会议暨第四届委员会第三次全体会议在京召开。人民银行副行长、金标委主任委员范一飞，中国银行保险监督管理委员会（以下简称银保监会）副主席、金标委常务副主任委员梁涛，中国证券监督管理委员会（以下简称证监会）副主席、金标委常务副主任委员赵争平出席会议并讲话。

图1-1　人民银行副行长、金标委主任委员范一飞出席第四届委员会第三次全体会议并讲话

截至2019年底，第四届金标委人员组成为：主任委员1人，常务副主任委员2人，副主任委员5人，秘书长1人，单位委员53人，观察员4人。

按照《全国金融标准化技术委员会分技术委员会管理规定》，金标委继续推动分委会在各自领域开展金融标准化工作，并加强指导。2019年，金标委证券分技术委员会（以下简称证券分委会）开展了委员调整工作，委员调整建议方案已报送国家标准委审批，并着手开展第四届证券分委会换届筹备工作；金标委保险分技术委员会（以下简称保险分委会）的委员调整建议方案已报送国家标准委审批，开展第四届保险分委会换届筹备工作；金标委印制分技术委员会（以下简称印制分委会）完成第五届委员换届工作，并于2019年9月23日组织召开了第五届印制分委会第一次会议。

按照《全国金融标准化技术委员会专项工作组管理办法》，金标委继续加强对专项工作组的统一规划、组建和管理。新成立的金融数据标准工作组，负责统一数据标准、规范数据治理流程、指导金融业数据基础平台建设，推动金融业的数据治理及综合利用，促进金融数据的共享与融合，更加有效地发挥数据价值。

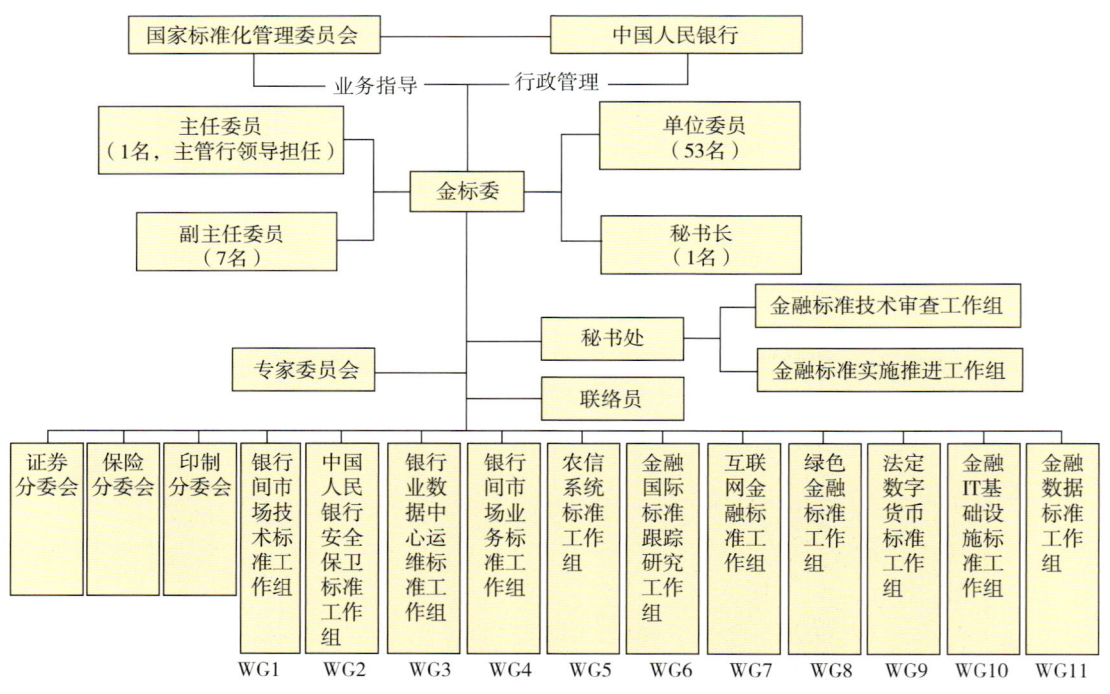

图1-2 第四届金标委组织架构

截至2019年底，金标委共设有11个专项工作组：银行间市场技术标准工作组（组长单位由跨境银行间支付清算有限责任公司担任）、中国人民银行安全保卫标准工作组（组长单位由人民银行保卫局担任）、银行业数据中心运维标准工作组（组长单位由人民银行金融信息中心担任）、银行间市场业务标准工作组（组长单位由中国银行间市场交易商协会担任)、农信系统标准工作组（组长单位由农信银资金清算中心担任）、金融国际标准跟踪研究工作组（组长单位由中国金融电子化公司担任）、互联网金融标准工作组（组长单位由中国互联网金融协会担任）、绿色金融标准工作组（组长单位由人民银行研究局担任）、法定数字货币标准工作组（组长单位由人民银行数字货币研究所担任）、金融IT基础设施标准工作组（组长单位由人民银行科技司担任）、金融数据标准工作组（组长单位由人民银行科技司担任）。金标委秘书处设有2个工作组：金融标准技术审查工作组（中国金融电子化公司负责）、金融标准实施推进工作组（北京中金国盛认证有限公司负责）。

（二）梳理优化制度体系

2019年，金标委进一步完善金融标准化制度体系，持续规范金融标准化管理。证券分委会以《全国专业标准化技术委员会管理办法》和《全国金融标准化技术委员会章程》为指导，对《全国金融标准化技术委员会证券分技术委员会章程》《全国金融标准化技术委员会证券分技术委员会秘书处工作细则》等规章制度进行梳理，并形成征求意见稿。保险分委会遵照《全国专业标准化技术委员会管理办法》和《全国金融标准化技术委员会章程》要求，结合保险分委会发展需要，完善了《全国金融标准化技术委员会保险分技术委员会章程》《全国金融标准化技术委员会保险分技术委员会秘书处工作细则》等规章制度，经征求保险分委会全体委员意见后，提交保险分委会主任办公会议审议通过。印制分委会依据《全国金融标准化技术委员会章程》和《全国金融标准化技术委员会秘书处工作细则》，修订并发布《全国金融标准化技术委员会印制分技术委员会章程》《全国金融标准化技术委员会印制分技术委员会秘书处工作细则》等制度。

（三）创新完善工作机制

在人民银行的领导和国家标准委的指导下，金标委结合现代金融体系的发展需要，完善金融标准化工作机制，推动分委会在各自领域开展标准化工作，对专项工作组进行统筹管理，提升委员单位参与力度，不断强化自身建设。

2019年，金标委进一步完善顶层协调推进机制。一是完善委员组成方案，开展两轮委员调整工作，完成金标委秘书长变更。二是强化"一行两会一局"（人民银行、银保监会、证监会和国家市场监督管理总局）协调推进机制，全方位、多频次开展工作交流，夯实金融标准化工作组织基础。三是进一步推行副主任委员单位轮值机制，在2018年中国农业银行支持金标委秘书处工作的成功实践基础上，2019年由中国建设银行担任轮值单位，积极协助秘书处顺利开展多项工作。

初步形成年度"两个会议"的工作机制。2019年上半年召开金标委秘书处、三个分委会和专项工作组之间的经验交流会，下半年召开金标委年度工作会议。2019年4月16日，金标委首次召开分委会及专项工作组总结交流会，各单位分别报告了2018年工作情况、取得的成效、存在的问题及建议，并提出2019年工作计划。

证券分委会优化专业工作组工作机制，进一步发挥首席专家在标准审核中的关键作用，加强标准质量把关；建立标准化工作月报机制，及时、全面展现行业标准化工作进展。保险分委会积极发挥副秘书长单位和副主任委员在行业中的专业优势，在平台建设、课题研究和工作机制方面促进沟通协作、努力优化完善，持续增强保险标准化工作基础。印制分委会进一步创新标准化工作机制，加强标准制修订过程管理，在标准审查阶段增加课题组互审流程，切实保证了标准的严谨性和准确性，为标准的顺利发布奠定了良好基础。

（四）加强建设人才队伍

金标委持续加强人才队伍建设，积极派员参与市场监管总局组织的行业标准管理人员培训及行业国际标准化综合知识培训。2019年新推荐66名专家加入条码支付安全、移动金融服务客户身份鉴别技术等17个ISO工作组，推进金融标准国际化研究工作。大力培育金融标准化科研人才，积极与全国高校开展沟通交流，编写金融标准化教材，开展金融标准化讲座，探索金融标准化人才培养机制及学科教育实施路径。

2019年，证券分委会指导各专业工作组不断充实和调整专业工作组人才队伍，拓展专家范围，参与行业内标准化知识培训，提升秘书处工作人员的专业化水平。保险分委会指导委员单位完善联络员管理，交流方法并提供建议，增强标准化工作能力建设。印制分委会通过邀请标准专家授课、参与标准培训等多种形式，丰富了行业标准化工作人员的专业知识，提高了标准化工作能力，鼓励委员单位加强包括技术标准在内的科技人才队伍建设，并对组织参与金融国家标准、金融行业标准和中国印钞造币总公司企业标准制修订及标准化研究的相关人员给予正向激励。

二、推动金融标准化改革发展

2019年，金融标准化工作更加有力支持金融业高质量发展，助力金融治理能力现代化和金融业健康有序发展，成为金融服务实体经济、防范金融风险、深化金融改革开放的重要支撑。一是认真落实国家标准化改革精神，围绕现代金融体系建设需求，加强金融标准化顶层设计，完成《金融业标准化体系建设发展规划（2016—2020年）》实施情况中期评估，着手开展金融业标准化体系建设发展规划（2021—2025年）预研。二是深化金融标准供给侧结构性改革，不断健全适应新时代金融发展需要的新型金融标准体系，促进金融标准从政府单一供给向"政府＋市场"双向供给转变，加快强制性金融国家标准研制，鼓励和规范金融团体标准、企业标准发展。三是坚持"金融标准 为民利企"的发展理念，综合运用宣传培训、检测认证、创新建设试点等方式深化标准实施，强化金融服务效能，提升金融治理能力，进一步满足经济社会发展和人民群众需要。四是多层次深度参与金融标准国际化，积极推动全球法人识别编码（LEI）等国际标准在我国的应用和发展，与"一带一路"沿线国家和地区开展金融标准化交流合作，推进我国金融标准外文版建设并通过"一带一路"倡议"走出去"，金融标准支持金融业双向开放能力明显增强。

证券分委会积极推进证券期货业标准化改革发展。修订完善行业标准规划，优化标准制修订流程，缩短修订周期，提高制定效率，确保标准及时推出，满足标准化需求。保险分委会适应行业与标准化发展要求，深化建立政府标准与市场标准协调配套的标准化体系。探索研究标准在新技术新应用领域的支撑作用。积极把握问题与需求导向原则，通过有针对性地提高标准供给促进标准应用，提升标准化质量。印制分委会加大金融行业标准应用落地力度，在货币流通领域，积极推动《人民币现金机具鉴别能力技术规范》金融行业标准应用；在标准审查阶段增加课题组互审环节，进一步提高标准的准确性及编写质量。

三、加大金融标准研究

（一）推进强制性国家标准研究制定

2019年，金标委坚持"金融标准 为民利企"发展理念，为保障人民群众生命财产安全，推进金融业首批强制性国家标准《人民币现金机具鉴别能力技术规范》《银行卡受理终端基本安全要求》的制定。

《人民币现金机具鉴别能力技术规范》已按照计划开展标准起草编制工作。2019年标准起草工作组赴上海、浙江温州等地机具生产企业开展调研，针对社会上不同机具种类，了解标准的适用范围和编制需求，同时围绕关键技术指标设置，开展多次标准编制工作讨论。《银行卡受理终端基本安全要求》于2019年2月提交立项申请，国家标准委于12月底下达计划，标准起草工作组启动标准编制工作，组织专家论证，开展行业调研，同时根据国内外相关法律法规情况，提炼出适用于银行卡受理终端的基础安全要求。

（二）推进金融风险防控关键技术标准研究

2019年，在金标委的指导下，中国金融电子化公司、中国外汇交易中心等15家单位持续开展"金融风险防控关键技术标准研究"项目。该项目以初步构建重点领域金融风险防控标准、为我国金融安全治理提供技术手段和支撑为目标，包含互联网文本数据金融风险信息抽取及分析关键技术标准研究、金融机构和金融产品风险评价及管理技术标准研究、金融支付业务基础设施风险防控技术标准研究、新形态下的金融信息风险防控技术标准研究、互联网金融风险防控技术标准研究、金融产品服务过程支撑应用系统技术标准研究六个课题，最终拟形成35项国家标准，2项发明专利。截至2019年12月，已完成立项20项标准，8项标准处于立项过程中，2项专利已全部完成授权。

（三）持续开展金融标准化重点课题研究

为进一步推动金融标准在金融改革发展各领域发挥基础、支撑和引领作用，金标委建立了金融标准化重点课题研究机制。2019年，金标委完成2018—2019年度金融标准化重点课题结项评审工作，在38项研究课题中评出一等奖3名、二等奖6名、三等奖9名、优秀奖15名，在金融标准化改革发展、金融标准化体系建设、新技术标准化、金融标准国际化等领域形成一系列研究成果，并将研究成果结集出版。

2019年9月，金标委秘书处启动2020年金融标准化重点研究课题工作，面向金标委委员单位、观察员单位、分委会、专项工作组、人民银行分支机构、直属企事业单位、金融机构、高等院校、研究机构及金融标准化专家等，征集重点研究课题选题建议。选题要求立足于全面提升我国金融标准化水平，紧密结合金融业重点、难点、热点工作和未来发展趋势，为金融业标准化体系建设发展规划（2021—2025年）的编制提供参考与借鉴。共有80余家单位提供了230余项选题建议，经过初步整理、筛选、分类和补充，形成了重点研究课题立项指南初稿，并于2020年3月发起课题立项申报。

（四）推进《资产管理产品介绍要素》系列标准研究

2019年，金标委在2018年度人民银行重点研究课题《金融产品标准体系研究》成果基础上，推进《资产管理产品介绍要素》系列标准编制。其中，《资产管理产品介绍要素 第 1 部分：银行理财产品》《资产管理产品介绍要素 第 3 部分：信托产品》已完成标准征求意见稿；《资产管理产品介绍要素 第 2 部分：证券期货资产管理计划及相关产品》已完成标准送审稿。

（五）探索供应链金融标准化研究

2019 年，金标委将"推进供应链金融标准研制"列入金标委 2019—2020 年工作要点，实地调研证监会、中国工商银行、中国海事仲裁委员会、上海期货交易所、全国棉花交易市场、人保集团等共计 12 家机构供应链金融业务，研究梳理供应链金融服务中的关键问题，组织相关单位探索基于区块链的供应链金融技术标准，从业务模式、融资产品、风险管控等方面规范引领供应链金融业务发展。

（六）分委会持续加大金融标准研究力度

2019 年，证券分委会组织专业工作组对证券期货业核心机构、经营机构以及软件开发商就主体和产品两类编码的发布和使用情况开展调研，制定了可适用于行业新增或修订基础编码标准参考的标准指引，形成了《〈证券及相关金融工具〉系列国家标准的制定及应用》《以数据模型为核心的证券期货业数据治理研究与应用》《证券期货行业〈金融产品介绍要素〉标准探讨》《资本市场交易系统核心技术指标国际化探讨与应用》等多篇研究性文章。保险分委会在支持金标委重点课题征集工作之外，组织保险业启动了《保险市场标准与政府标准协同转化机制》和《保险良好行为自建自我声明机制与管理办法》两项课题研究，并鼓励保险区块链技术与应用标准的研究，推动行业标准多元化、专业化、科学化发展。印制分委会向金标委报送"钞券真伪鉴别方法系列标准"等 7 个方向研究课题选题建议，持续加大技术标准研究工作力度。

第二节 金融标准化体系建设

一、金融标准体系建设

围绕"统筹监管系统重要性金融机构，统筹监管金融控股公司和重要金融基础设施，统筹负责金融业综合统计"的要求，为增强标准建设和管理的主动性、前瞻性、科学性和规范性，自 2018 年起，金标委组织编制并滚动修订金融标准体系框架，以提升金融业标准间的协调性，加强金融标准与其他相关产业标准、国际标准间的衔接度。该体系采用功能分类方法，涵盖了金融业从产品研发、经营管理、客户服务到技术应用、行业监管等多方面，具体分为通用基础标准、产品与服务标准、基础设施（信息技术）标准、统计标准、监管与风险防控标准五类，其中包含金标委的现行标准、在建标准和拟建标准。

2019 年共发布《银行间市场基础数据元》（JR/T 0065—2019）等 7 项金融行业标准，发布《中国人民银行应用系统非功能性需求规范》（Q/PBC 00017—2019）等 3 项技术标准。金标委根据金融标准发布、立项和废止情况，及时收集、梳理和更新标准体系框架及标准明细表，截至 2019 年 12 月底，共更新现行有效的金融国家标准 65 项、金融行业标准 253 项，在全国团体标准信息平台公开金融团体标准 22 项，在全国企业标准信息公共服务平台公开金融企业标准 2343 项。"国家标准保底线、行业标准设门槛、团标企标促发展"的格局基本成型，这在很大程度上满足了金融服务与管理的需要，填补了我国金融标准在新兴金融科技领域、金融服务领域的部分空白，有利于金融机构的技术创新，有利于规范金融业务的有序发展，有利于为消费者提供更便捷、高效和安全的金融服务。

证券分委会立足优化资本市场监管、提升标准服务水平，加强新技术、新业态下标准规范引领作用，组织各专业工作组完成 8 项标准设计方案的修订工作，包括证券期货业基础编码标准设计方案（2019 年版）等，使其更好地适应金融科技、监管科技的新形势、新要求。

保险分委会牵头编制的第一个保险业国家标准《保险术语》（GB/T 36687—2018）于 2019 年 4 月 1 日正式实施，对于维护保险消费者权益、加强行业风险管控、提升行业内外合作沟通效率、促进保险业稳健发展具有重要意义。目前保险分委会正在编制的 17 项标准分别侧重于扩大新技术领域标准供给、加强公司经营管理、加大信息化及基础设施建设等方面。标准化与当前"稳增长、防风险"的新形势要求相结合，与打好防范化解金融风险攻坚战、提高保险机构的内控能力和风险管理能力、提高监管能力等核心问题相适应，有的放矢，填补标准空白。

印制分委会持续加大标准制修订工作力度，积极推动《贵金属纪念币　术语》《贵金

属纪念币 图像比对比较显微镜法》2 项金融行业标准的立项工作；组织完成《小张核查工艺规程》《第五套人民币贰拾圆纸币（2019 年版）》等 36 项中国印钞造币总公司技术标准的征求意见、委员审查以及发布工作。

二、金融团体标准体系建设

截至 2019 年底，全国团体标准信息平台现行有效金融团体标准 22 项。2019 年，中国互联网金融协会、广东省金融科技学会等在全国团体标准信息平台共公开《金融自助设备运维服务规范》（T/GDJR 001—2019）等 6 项团体标准。

中国支付清算协会在其官方网站发布了《条码支付受理终端检测规范》（T/PCAC 0005—2019）、《条码支付移动客户端软件检测规范》（T/PCAC 0006—2019）2 项金融团体标准。

中国银行业协会在其官方网站发布了《商户 MIS 与金融支付服务的应用层报文接口规范》（T/CBA 102—2019）、《银行中间业务产品分类与代码》（T/CBA 203—2019）、《远程银行客户服务与经营规范》（T/CBA 204—2019）及《银医服务接口技术规范》（T/CBA 101—2019）4 项金融团体标准。

中国保险行业协会在其官方网站发布了《核保险风险评估工作指引》（T/IAC 28—2019）等 13 项涉及保险科技、财产险、车险、人身险、公估等领域团体标准，并联合中国通信标准化协会发布了《保险行业云计算场景和总体框架》（T/IAC CCSA 32—2019）、《保险行业云服务提供方能力要求》（T/IAC CCSA 33—2019）等 5 项保险行业云计算相关团体标准。

三、金融企业标准体系建设

2019 年，为贯彻落实《标准化法》，鼓励企业落实主体责任，进一步激发市场活力，金标委扎实推进企业全面实施企业标准自我声明公开工作。截至 12 月 31 日，全国企业标准信息公共服务平台公开的金融领域企业标准数量达 2343 项，确立了企业对市场的"硬承诺"和对质量的"硬约束"，进一步夯实了"政府＋市场"双向供给的新型金融标准体系的根基。

中国工商银行、中国农业银行、中国银行、中国建设银行、交通银行、中国邮政储蓄银行 6 家国有大型商业银行带头破冰，第一时间在全国企业标准信息公共服务平台公开银行营业网点领域企业标准 18 项，网上银行服务领域标准 14 项。其中，中国工商银行公开《网上银行服务 总体规范》（Q/ICBC 3101—2019）等 8 项企业标准，中国农业银行公开《银行营业网点服务评价准则》（Q/ABC 5001—2019）1 项企业标准，中国银行公开《中国银行网上银行服务标准》（Q/BOC 8001—2019）等 2 项企业标准，中国建设银行公开《中国建设银行"劳动者港湾"建设和服务规范》（Q/QCCB 1003—2019）等 6 项企业标准，交通银行也公开发布了《交通银行营业网点服务规范》（Q/BOCOM 00001—2019）等 2 项企业标准，中国邮政储蓄银行公开《中国邮政储蓄银行营业网点服务规范》（Q/PSBC 0009—2014）等 13 项企业标准。招商银行、浙商银行、光大银行、中信银行等 9 家全国性股份制商业银行有序推进，在全国企业标准信息公共服务平台公开银行营业网点领域企业标准 10 项，网上银行服务领域企业标准 16 项。

在国有大型商业银行、股份制银行的带动下，各地的城市商业银行、民营银行、农村商业银行、村镇银行、农村信用社、其他金融机构也积极跟进。其中，盛京银行公开《盛京银行营业网点服务基本要求》（Q/210103 SJB 001—2019）等 2 项企业标准，中信百信银行公开《中信百信银行网上银行服务》（Q/BXB 001—2019）1 项企业标准，重庆九龙坡民泰村镇银行公开《营业网点服务规范》（Q/JHMRB 001—2019）等 2 项企业标准。截至 2019 年底，共计公开金融服务领域 2020 项企业标准。

中钞信达、少士电子、福建联迪、广电运通等金融相关企业加快创新成果向技术标准转化，在全国企业标准信息公共服务平台公开支付机具、清分机等领域企业标准共计 309 项。

第三节 金融标准制修订

一、金融标准发布情况

2019 年，人民银行、银保监会、证监会共计发布金融行业标准 7 项。分别为：《银行间市场基础数据元》《银行间市场业务数据交换协议 第 1 部分：语法、结构与会话层》《银行间市场业务数据交换协议 第 2 部分：应用层》《银行间市场业务数据交换协议 第 3 部分：适流表示层》《移动金融客户端应用软件安全管理规范》《证券期货业软件测试规范》《证券期货业数据模型 第1部分：抽象模型设计方法》。

二、金融标准在建情况

2019年，在建金融国家标准共计42项，其中处于草稿阶段18项，处于征求意见阶段2项，处于报批阶段21项。在建金融行业标准共计205项，其中处于草稿阶段88项，处于征求意见阶段23项，处于送审阶段38项，处于报批阶段51项。

2019年，金标委秘书处组织推进金融标准制定工作。其中，《金融服务 金融业通用报文方案》《银行业应用系统 非功能需求》等共计18项金融国家标准完成征求意见和送审，进入报批阶段；《分布式数据库技术金融应用规范》《债券价格指标产品数据采集规范》等共计26项金融行业标准完成征求意见；《金融行业信息系统多活技术规范》《集团客户识别与认定规范》等共计30项金融行业标准完成送审，进入报批阶段；《银行业集中营运规范》《网上银行系统信息安全通用规范》《中国金融移动支付》系列标准等共计31项金融行业标准完成技术审查工作。

三、金融标准立项情况

2019年，金标委秘书处全年受理金融标准立项98项，组织立项投票共计77项，共有90项金融国家标准和行业标准正式立项，其中包括金融数据跨境安全要求等22项金融国家标准，金融IT基础设施、资产管理产品介绍要素等68项金融行业标准。新立项的标准涉及绿色金融、普惠金融、金融市场、金融风险防控、金融科技等多个热点领域，金融标准体系不断完善，支撑金融业健康发展。

四、金融标准复审情况

2019年，金标委组织开展复审工作。复审范围覆盖截至2017年底发布并现行有效的《产生报文的银行卡 交换报文规范 金融交易内容》等48项金融国家标准和《银行卡发卡行标识代码及卡号》等186项金融行业标准（包括各分委会归口标准）。本次复审的48项金融国家标准，建议继续有效33项、修订13项、废止2项；本次复审的186项金融行业标准，建议继续有效115项、修订65项、废止6项。

第四节　金融标准化宣传推广

一、开展"金融标准+扶贫"模式探索

2019年，金标委秘书处在陕西省铜川市宜君县与印台区积极探索"金融标准+扶贫"模式，指导帮扶地区金融机构开展《银行营业网点服务基本要求》和《农村普惠金融服务点 支付服务点技术规范》2项重点金融标准贯标、达标工作。2019年7月31日，宜君县和印台区辖内陕西省农村信用社联合社的25个营业网点和241个助农E终端、农业银行的4个营业网点、邮储银行的11个营业网点已全部达到标准要求，切实让贫困地区人民群众享受到与发达地区同等质量水平的金融服务。

"金融标准+扶贫"模式将金融标准化成果服务于贫困地区，打造金融扶贫"示范田"，推动普惠金融发展、提升金融服务效率，让金融服务真正惠及贫困地区广大人民群众。一是切实增强贫困地区人民群众金融服务获得感和幸福感。宜君县和印台区银行网点达标工作实施以来，客户满意度比前期上升10.83%，达标的银行营业网点服务满意度接近100%。柜面业务客户平均等候时间缩短5~10分钟。二是有效助推金融精准扶贫与乡村振兴战略实施。两项重点金融标准落地实施大力提升了贫困地区信贷、征信、支付等基础金融服务的可获得性，推动了当地经济发展。截至2019年底，宜君县和印台区惠农支付服务点累计交易量205252笔，累计交易金额4.61亿元，较上年同期增加6017万元。

图1-3　人民银行副行长范一飞调研宜君县偏桥镇惠农支付服务点

图 1-4　铜川大樱桃丰收时节惠农支付服务点为农民提供支付结算服务

2019 年 7 月，人民银行长沙中支借鉴陕西省的金融标准扶贫工作经验，在韶山市启动"金融标准进韶山"工作，组织韶山市辖内金融机构开展重点金融标准达标。截至 12 月底，韶山市 5 家银行 20 个网点完成了自查、网上注册、内审员培训及第三方机构现场审查等工作，已全部达到《银行营业网点服务基本要求》的标准，人民币机具及流通等相关标准的推广成效显著，切实提升了农村金融服务水平。"金融标准＋扶贫"工作模式同样在湖北省大悟县、湖南省洞口县、广西壮族自治区梧州市、甘肃省庄浪县等地推广应用，取得良好成效。

二、组织开展金融领域企业标准"领跑者"活动

为贯彻落实党中央、国务院决策部署，有效激发市场创新活力，建立健全"有产品必有标准"的治理体系，人民银行积极践行"金融标准　为民利企"的发展理念，会同市场监管总局协调组织开展了 2019 年度金融领域企业标准"领跑者"活动，创新推进了金融标准化工作，积极探索了金融标准助力深化金融供给侧结构性改革、增强金融服务实体经济能力的新路径。

（一）活动组织情况

2019 年度金融领域企业标准"领跑者"活动围绕人民群众消费升级急需的产品领域及生活服务领域展开，包括销售点终端（POS）、自助终端（ATM）、条码支付受理终端、清分机 4 个金融机具领域和银行营业网点服务、网上银行服务 2 个金融服务领域。

2019 年 6 月，人民银行办公厅发布《关于开展 2019 年度金融机具及金融服务企业标

准"领跑者"活动的通知》，并于 6 月 27 日组织召开"领跑者"活动启动会，明确活动目标和任务，鼓励各方积极参与。7 月至 11 月，人民银行科技司会同市场监管总局标准创新司，调动各方力量，共同打造多方联动的工作局面。金标委秘书处会同中国标准化研究院负责具体组织；中国互联网金融协会、中金国盛认证中心及山东省标准化研究院、人民银行印制科学技术研究所鉴别能力检测中心、中国支付清算协会及银行卡检测中心和中金金融认证中心等第三方评估机构以自我声明公开的企业标准为基础，遵循公平、公正、公开的原则，根据确定的评估方案开展评估工作，按照核心指标水平的高低形成企业标准排行榜。综合考虑消费者选择、产业发展水平、公开标准数量等因素，形成"领跑者"名单。12 月 20 日，金标委秘书处会同中国标准化研究院共同主办"领跑者"活动发布会，发布金融领域企业标准"领跑者"名单。

（二）活动效果

活动开展期间，全国共计 1233 家金融机构和金融机具企业积极响应、踊跃参与，活动期间主动公开 2293 项企业标准。6 个领域评估机构组织评估审核，最终评出 107 家具有国内领先水平和市场竞争力的金融领域企业标准"领跑者"。本次"领跑者"活动各重点领域整体情况如表 1-1 所示。

表 1-1　2019 年金融领域企业标准"领跑者"活动重点领域评估整体情况

活动情况 重点领域	参与机构数	公开标准数	进入排行榜机构数	"领跑者"数量
销售点终端（POS）	54	94	10	7
自助终端（ATM）	57	81	7	4
条码支付受理终端	24	34	4	4
清分机	33	54	8	10
银行营业网点服务	898	1121	320	47
网上银行服务	772	909	261	35
合计	1838*	2293	610	107

＊注：存在同一企业参与 2 个领域活动的情况，排除重复数据，实际参与企业为 1233 家。

本次"领跑者"活动取得积极成效：一是有力提升企业标准化工作水平，各相关企业标准化管理逐步规范，"领跑者"企业领先带动作用初步显现；二是有效激发市场主体创新活力，市场自主制定的标准供给显著增加，标准化创新程度不断提升；三是显著增强人民群众的获得感、幸福感和安全感，金融服务品质及便利性不断提升，金融消费者合法权益得到有效维护。实践表明，"领跑者"活动是新形势下有效的制度安排，对推动社会治理体系和治理能力现代化，构建高质量市场体系，解决好金融消费者最直接、最现实的问题，助力我国金融科技行稳致远具有重要意义。

三、开展"金融标准 为民利企"主题活动

为进一步发挥金融标准在金融业高质量发展中的作用，创建金融行业学标准、讲标准、用标准的氛围，人民银行在 2019 年全国"质量月"期间组织开展"金融标准 为民利企"主题活动。活动期间，金标委秘书处、分委会及委员单位，人民银行各分支机构面向群众和相关企业组织形式多样、内容丰富、特色鲜明的宣传活动。据统计，"质量月"期间共开展"金融标准 为民利企"相关活动 5.9 万余次，覆盖 1121.5 万余人次，央媒及主流财经媒体报道达 1200 余篇。

（一）各单位积极组织开展活动

1. 人民银行科技司统筹规划，保障活动有序开展

一是制订下发活动方案，在金标委官网开设活动专题页面，根据各分支机构区位特色均衡安排落实重点活动。二是开展重点标准培训，邀请《不宜流通人民币 纸币》等标准起草专家面向全国金融机构进行现场及电视培训。三是实地走访调研，赴农业银行等 5 家商业银行开展调研，推动企业标准制定及自我声明公开，宣传推广 LEI 应用实施。四是协调产学研联合探索金融标准化人才培养机制，组织山东大学和相关单位编写《金融标准化通识》，赴南开大学举办《金融标准化概览》专题讲座，并在南开大学、山东大学、青岛大学进行调研，推动金融标准化工作与高等教育深入融合，探索产学研联合培养人才的新途径。

2. 分委会及委员单位发挥优势，拓宽金融标准化影响

证券分委会发布《证券期货业数据安全管理白皮书》等标准研究报告，指导深圳证券交易所、光大证券、平安证券、浙商期货公司、郑州易盛信息技术公司开展活动。国家外汇管理局科技司探索制定《跨境金融区块链服务平台直连规范》标准，开展《涉外收支交易与分类代码》国家标准和外汇管理 LEI 应用推广措施培训。中国外汇交易中心

在伦敦 SIBOS 全球金融年会上提出金融标准倡议，得到环球同业银行金融电讯协会（SWIFT）积极响应。中国银联参加国际芯片卡及支付技术标准组织（EMVCo）董事会，与 Visa、万事达卡等卡组织探讨支付标准议题。网联清算有限公司举办 4 场成员机构标准规范与业务交流会，共邀请 40 家商业银行、23 家支付机构参会，有效促进从业者对金融标准的理解，为合规开展业务奠定基础。

图 1-5　中国银联参加 EMVCo 董事会

3. 人民银行分支机构积极响应，加强金融标准宣传实施

一是推动开展贯标对标工作，对重点宣传推广的金融标准进行学习并组织落地实施。据统计，人民银行分支机构自行组织及推动辖内金融机构组织的标准培训活动达到 1.2 万余次，覆盖从业人员 131.5 万余人次。二是创新标准化宣传方式方法。人民银行济南分行、西安分行、营业管理部、杭州中支、福州中支、南宁中支、乌鲁木齐中支等分支机构自行制作标准"一图读懂"长图或线上 H5 页面，积极普及金融标准知识；人民银行沈阳分行、营业管理部、合肥中支等分支机构梳理重点标准，形成金融标准知识问答题，开展"金融标准网络问答"活动。三是加强线下宣传活动。利用大型活动、城市广场、农村集市、学校企业、社区军营、网点厅堂等人流量大、易于信息扩散的场合开展面对面宣传，利用新媒体传播实现多管齐下，营造浓厚的宣传氛围。

第一章 2019年金融标准化发展综述

图1-6 人民银行营业管理部开展"金融标准挑战赛"

（二）活动取得积极成效

1. 充分展现金融标准化发展成就与作用

《金融电子化》杂志刊登人民银行副行长范一飞文章《开展企业标准"领跑者"活动 谱写金融标准化新篇章》，明确新时代金融标准化工作的目标。《金融时报》刊登人民银行科技司司长李伟专访《企业领跑 推动金融标准化工作新发展》，并特别策划"壮丽70年 奋斗新时代"专栏文章《为民利企 金融标准化事业在高质量发展中行稳致远》，突出展示金融标准在保障产品质量安全、促进产业转型升级和经济提质增效、服务外交外贸等方面的重要作用。

2. 积极助力扶贫攻坚和乡村振兴

各单位依托基层、深入贫困户家中宣传普惠金融标准、产品和政策，了解村民金融服务需求并提供帮助，助力精准扶贫。人民银行林芝市中支通过金融标准宣传，帮助察隅县群众"瞪香猪"产业获得融资并扩大生产，助力西藏边境小康村建设。南宁中支推动辖内银行依据标准整改农村普惠金融服务站，评选标准化示范点，提升农村地区金融服务质量。主题活动期间，各类宣传活动累计开展近2万次，既"扶贫"又"扶智"，打通金融扶贫"最后一公里"。

3. 有力支持金融业对外开放

各单位因地制宜开展金融标准对外交流活动,落实金融业对外开放措施。人民银行科技司司长李伟参加"中国—东盟"国际标准化论坛并发表"携手推进'中国—东盟'金融标准国际交流与合作"主旨演讲,推动金融标准双向开放。人民银行呼和浩特中支、哈尔滨中支、昆明中支、乌鲁木齐中支等分支机构组织金融机构基于口岸,使用双语面向蒙古国、俄罗斯、越南、巴基斯坦、哈萨克斯坦等国金融机构、商户及消费者介绍我国金融标准化情况,合作开展金融标准培训。主题活动期间,共开展900余次对外金融标准交流活动,展示了我国金融标准化工作面貌。

图1-7 人民银行昆明中支进少数民族地区宣传金融标准化工作

图1-8 人民银行银川中支在中阿博览会上向国际友人宣传金融标准化

4. 支持缓解融资难融资贵问题

各单位充分发挥金融标准在缓解融资难融资贵问题中的作用。人民银行南京分行、武汉分行、石家庄中支等分支机构组织召开《商业银行担保物基本信息描述规范》标准解读会。中国银行广东省分行与广东省工业和信息化厅合作，依据担保物标准，创新制订助力专精特新企业融资服务的实施方案。华融湘江银行对比标准内容完善担保物管理系统，创新服务民营经济和小微企业的工作流程。主题活动期间，全国共开展4500余场商业银行与中小微企业对接沟通活动，为缓解企业融资难融资贵问题贡献了金融标准力量。

5. 创新推动金融企业标准和团体标准建设

一是金融领域企业标准"领跑者"活动的开展有效激发了企业标准建设活力。湖南洞口农商行制定《农村承包土地经营权抵押贷款规范》企业标准，让农户详细了解该行土地承包权贷款业务，促进了"三农"贷款的公平、公开、公正，缓解了农业经营主体贷款抵押物不足的问题。二是金融团体标准建设取得积极成果。人民银行广州分行推动发布粤港澳大湾区首项金融团体标准《金融自助设备运维服务规范》，人民银行沈阳分行、重庆营业管理部、南昌中支等分支机构也积极组织社会金融团体、地方金融学会开展团体标准探索。

第五节 金融标准化培训

一、金标委秘书处组织培训

2019年，为充分发挥金融标准在金融业健康发展中的技术支撑作用，推进金融行业增强标准化意识，提升金融标准化工作效率和服务水平，金标委建立健全的金融标准化人才激励和培训机制，完善金融标准培训体系，加强培养懂业务、懂技术、懂标准、懂外语的专家型、复合型人才，壮大金融标准化人才队伍。

4月16日至17日，在苏州举办了"2019年金融标准编制培训班"，来自人民银行及各金融机构代表约90人参加培训。

9月11日至16日，在北京组织《农村普惠金融服务点 支付服务点技术规范》《金融消费者投诉统计分类及编码 银行业金融机构》《不宜流通人民币 纸币》《不宜流通人民币 硬币》培训，全国性金融机构代表约 30 人现场参加培训，人民银行分支机构组织辖区内金融机构代表约 15000 人通过电视会议系统参加培训。

10 月 9 日至 11 日，在北京举办了"2019 年第二期金融标准编制培训班"，来自人民银行及各金融机构代表约 60 人参加培训。

二、人民银行分支机构组织培训

2019 年，人民银行各分支机构开展了面向辖内金融机构、支付机构等的重点金融标准培训，具有代表性的案例如下。

9 月 25 日，人民银行南昌中支指导婺源县支行和婺源农商银行在婺源县李坑村举办"金融夜校"活动，普及金融标准化、新币和假币的识别、防范网络诈骗等知识，帮助村民享受安全、高效、便捷的金融服务，宣传金融标准对推动金融业高质量发展的影响。

图 1-9 人民银行南昌中支指导"金融夜校"活动

9 月 25 日，人民银行南宁中支在广西东兴国家重点开发开放试验区举办"中国—越南金融标准双边交流培训会"，邀请 7 家越南银行和 8 家中方银行共同参会。培训以《银行营业网点服务基本要求》《不宜流通人民币 纸币》《不宜流通人民币 硬币》等标准为重点，采用中越双语同声传译的方式介绍了相关金融标准的主要内容、应用领域等情况，成功将我国金融标准知识介绍给越南银行机构，越方参会代表反响热烈，活动取得了积极效果。

11 月 15 日，人民银行营业管理部面向腾讯金融业务相关团队组织开展了"金融标准走进腾讯"专题培训。培训设置了"金融标准及国际化""金融科技与检测认证""个人金融信息保护标准"三个金融业务相关的课程，教学采取现场及线上直播方式，现场近40人参会，线上直播近600人次观看。

图1–10　人民银行南宁中支组织开展中国—越南金融标准双边交流培训会

图1–11　人民银行营业管理部组织开展"金融标准走进腾讯"专题培训

三、分委会组织培训

2019年4月至7月，保险分委会利用多种方式在行业内开展《保险术语》国家标准宣传实施活动，包括组织起草组专家撰文介绍《保险术语》国家标准特点、释义，相关行业社会团体开展面向各界的《保险术语》学习与培训等。

9月23日，印制分委会组织召开金标委第五届印制分委会第一次会议，邀请专家对全体委员进行了技术标准方面的专题培训，为新一届印制分委会的工作奠定了坚实的基础，进一步提升了印制分委会委员及行业全体技术标准管理人员在标准制修订过程中的管理能力和水平。

11月7日，证券分委会组织召开了2019年证券期货业标准宣传实施会议，系统阐述了已发布标准所在领域的标准体系和标准设计方案，详细解读了《证券期货业数据分类分级指引》（JR/T 0158—2018）、《证券期货业机构内部企业服务总线实施规范》（JR/T 0159—2018）和《证券期货业软件测试规范》（JR/T 0175—2019）3项行业标准。

11月8日，证券分委会组织举办了证券期货业标准化知识培训班，重点围绕证券期货业标准制修订工作，对证券分委会标准化工作任务、标准制修订工作流程、数据模型审核要求及平台应用等方面进行了有针对性的讲解和指导，有效提升了行业标准化工作人员的业务能力和工作水平。

四、委员单位组织培训

2019年9月初，国家外汇管理局科技司组织召开全国国际收支统计申报业务培训，对《涉外收支交易分类与代码》（GB/T 19583—2016）国家标准进行重点宣传和详细解读，培训内容涵盖涉外收支交易分类与代码的全部8个大项和170个交易编码，来自各级外汇局的近100人参加会议。

9月25日，农信银资金清算中心邀请《商业银行内部控制评价指南》标准主要起草人面向成员机构举办标准培训，深化以标准保质量的理念，夯实标准化工作基础，有助于成员机构对照金融行业标准，优化内部控制，提升金融风险防控能力和水平，完善公司治理。

图 1-12　农信银资金清算中心组织《商业银行内部控制评价指南》标准培训

10月10日，上海票据交易所邀请中国外汇交易中心标准化专家就《金融服务金融业通用报文方案》ISO 20022标准在我国金融行业应用情况、中国金融业通用报文库建设工作方案及我国和国际标准化工作形势做专题授课，并分享金融标准化相关工作经验，为票据交易所后续开展金融标准编制及中国金融业通用报文库建设规划进一步夯实了基础。

图 1-13　上海票据交易所开展金融标准化专题讲座

10月25日，为统一规范应用系统非功能性需求，人民银行金融信息中心举办《中国人民银行应用系统非功能性需求规范》（Q/PBC 00017—2019）培训，反洗钱中心、征信中心、清算总中心、金融电子化公司、金融信息中心等在京直属企事业单位业务骨干参加培训。

12月5日至6日，为帮助会员单位准确把握金融科技产品认证工作内容和要求，确保相关工作落到实处，中国支付清算协会在湖南长沙举办金融科技产品认证培训班，来自各会员单位的近 300 名业务骨干参加培训。

第六节　金融标准检测认证

围绕金融业改革发展大局，金融行业不断完善金融标准认证体系顶层设计。通过标准认证辅助金融监管，促进市场机制发展，有效防范和化解金融风险。截至 2019 年底，已有 6 家认证机构、17 家检测机构获得国家认证认可监督管理委员会批准开展金融领域的检测认证，应用金融领域标准 63 项。已开展的认证业务包括：金融科技产品认证、非银行支付机构支付业务设施技术认证、银行营业网点服务认证、移动金融技术服务认证、银行卡清算组织业务设施技术认证等 22 项。

一、金融领域国家统一推行认证制度建立

2019 年 10 月 28 日，市场监管总局、人民银行发布《金融科技产品认证目录（第一批）》与《金融科技产品认证规则》，建立金融领域首项国家统一推行的认证制度——金融科技产品认证。第一批金融科技产品认证目录包括客户端软件、安全芯片、安全载体、嵌入式应用软件、银行卡自动柜员机（ATM）终端、支付销售点（POS）终端、移动终端可信执行环境（TEE）、可信应用程序（TA）、条码支付受理终端（含显码设备、扫码设备）、声纹识别系统、云计算平台 11 个产品种类。2019 年 12 月 24 日，上线"金融科技产品认证管理平台"，规范检测认证流程，实现检测认证的过程可追溯、结果可核查。

二、金融检测认证业务稳步发展

金融检测认证领域不断丰富。截至 2019 年底，金融行业共有 22 个认证领域，包括服务领域 10 项和产品领域 12 项，其中减少商业银行个人理财服务认证 1 项。

表 1－2 金融标准检测认证业务

序号	业务类型	业务名称
1	一般服务认证	银行营业网点服务认证
2		农村普惠金融支付服务点业务设施技术认证
3		非银行支付机构支付业务设施技术认证
4		金融密码应用服务认证
5		银行卡清算组织业务设施技术认证
6		金融业信息系统机房动力系统认证
7		IPv6 金融应用认证
8		移动金融技术服务认证：可信服务管理系统
9		金融安全载体个人化生产企业服务能力认证
10		网上证券交易服务认证
11	国家推行的工业产品认证	金融科技产品认证 客户端软件
12		金融科技产品认证 安全芯片
13		金融科技产品认证 安全载体
14		金融科技产品认证 嵌入式应用软件
15		金融科技产品认证 银行卡自助柜员机（ATM）终端
16		金融科技产品认证 支付销售点（POS）终端
17		金融科技产品认证 移动终端可信执行环境（TEE）
18		金融科技产品认证 可信应用程序（TA）
19		金融科技产品认证 条码支付受理终端（含显码设备、扫码设备）
20		金融科技产品认证 声纹识别系统
21		金融科技产品认证 云计算平台
22	一般工业产品认证	移动终端安全金融盾认证

通过检测认证的机构数量持续增长。通过检测认证的机构数量超过 900 家，除港澳台外的全国 31 个省（区、市）均以不同形式开展了标准认证的推广工作。累计发放认证证书 15000 余张，同比增加 36%。

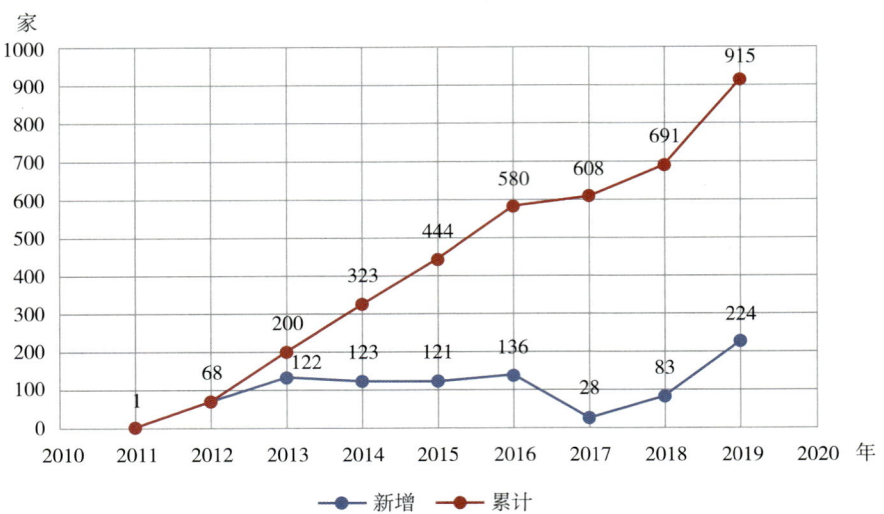

图 1-14 通过检测认证的机构数量情况

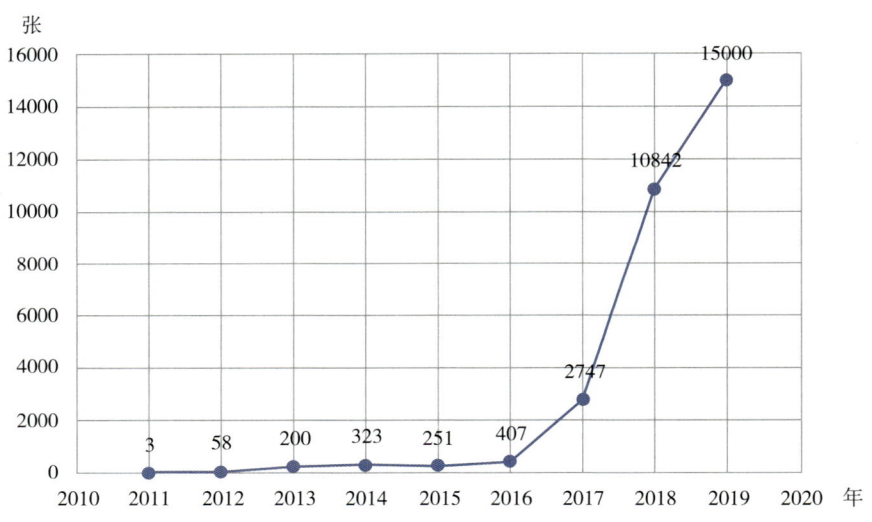

图 1-15 金融标准有效证书情况

检测认证对金融标准的使用更加广泛。金融国家标准和行业标准被认证认可作为检测认证依据的数量为 63 项，同比增长 21%，占现行有效金融国家标准和行业标准总数的 20%。

第一章 2019年金融标准化发展综述

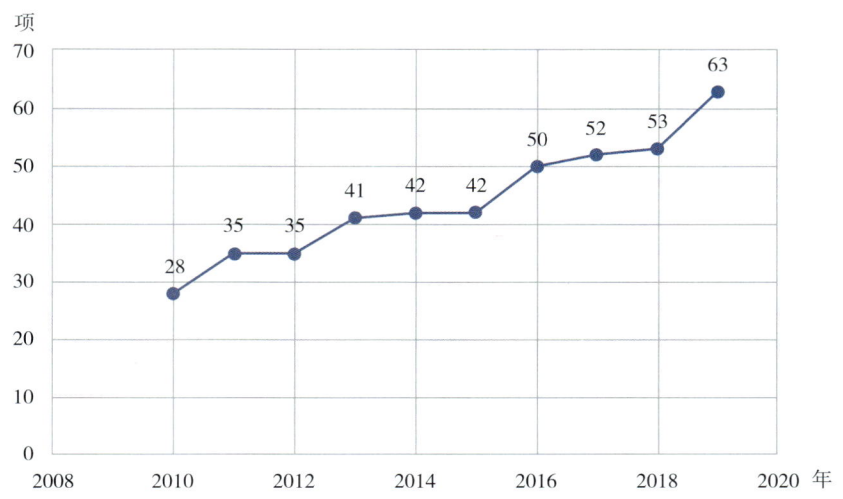

图 1-16　金融国家标准、行业标准用于检测认证情况

三、金融标准检测认证成效明显

金融标准检测认证领域不断深化。推行统一的金融科技产品认证制度，以标准落地实施为手段，强化金融科技安全与质量管理，切实防范因技术产品质量缺陷引发的风险向金融领域传导，着力提升金融科技守正创新能力和综合治理水平。

金融标准检测认证推动我国金融市场开放。银行清算组织业务设施技术认证新增中外合资获证机构1家，标志着我国银行卡产业及银行卡清算组织在市场化和国际化方向上迈出了坚实一步，有利于进一步扩大金融开放，深化金融改革，促进银行卡市场健康发展。

金融标准检测认证综合服务能力进一步增强。金融标准检测认证持续推动提高金融机构在普惠金融、金融科技等领域的服务供给质量及效率，保障金融消费安全，为金融消费者提供诚信保障，支撑金融行业高质量发展。

第七节　金融标准实施评估

为了延续2017年、2018年的工作安排，金标委秘书处组织开展了2019年金融标准实施评估工作。评估结果表明，金融机构标准化意识进一步增强，普遍认识到金融标准的经济效益和社会效益，但不同类型和地区的金融机构在标准实施上仍存在差异。

一、持续跟踪金融标准实施情况

综合金融标准的社会关注度、普及度、成熟度和监管需求，在征求相关单位意见后，2017年金标委选取《银行业产品说明书描述规范》等5项金融标准开展调研；2018年选取《银行营业网点服务评价准则》等9项金融标准开展调研，成立金标委秘书处金融标准实施推进工作组专门推动金融标准落地实施。

2019年金标委选取《金融消费者投诉统计分类及编码 银行业金融机构》《农村普惠金融服务点 支付服务点技术规范》《不宜流通人民币 纸币》《不宜流通人民币 硬币》《商业银行担保物基本信息描述规范 第1部分：通用数据元》《商业银行担保物基本信息描述规范 第2部分：专用数据元》《银行业客户服务中心服务评价指标规范》《银行业客户服务中心基本要求》《商业银行客户服务中心服务外包管理规范》《银行营业网点服务基本要求》《银行营业网点服务评价准则》《商业银行内部控制评价指南》7类共12项金融标准，全面开展标准实施评估工作。

2019年6月，金标委针对来自除港澳台外的全国31个省（区、市）的110家银行业金融机构，开展实施情况问卷调研。调研内容包括标准的适用情况、对标达标情况、标准实施的经济效益和社会效益等。2019年8月，对比分析全部调研问卷结果，遴选实施情况良好的部分商业银行进行进一步调研，收集标准实施典型案例，为金融行业标准实施提供参考和借鉴。

二、评估结果[①]

2019年金融标准实施情况。银行业金融机构普遍开展了金融标准对标工作。此次参与调研的110家机构，至少对7类标准中的1类开展了对标，有60家机构开展了4类及以上标准对标，占调研机构的55%。在参与对标的金融标准中，不宜流通人民币、消费者投诉统计分类标准实施情况良好。银行营业网点服务标准采取了市场化的认证方式，有效带动了标准实施工作。

2017年至2019年标准实施情况对比。通过对2017年至2019年连续三年面向全国性

---

① 评估结果由金融机构填报的调查问卷数据和中国国家认证认可监督管理委员会官方网站查询数据计算得出。

商业银行开展银行营业网点服务标准实施情况调研，商业银行的对标比例逐年递增。截至 2019 年底，全国性商业银行已全部开展营业网点服务标准的对标工作，完成对标的机构比例从 22% 增长至 50%，标准实施效果显著。

各类机构的标准实施情况。国有大型商业银行一直重视标准化工作，从业人员标准化素质相对较高，标准化工作机制建设较为完善，对标情况优于其他金融机构。中小银行标准化工作处于探索起步阶段，多数地方金融机构如城市商业银行、村镇银行等，已面向内部员工开展了部分金融标准培训，初步建立标准化工作机制。部分农村商业银行积极推进标准化，以银行营业网点服务标准的实施认证为主要切入点，通过第三方机构的专业指导促进达标工作，其标准实施情况优于全国平均水平。

各地区标准实施情况。综合除港澳台地区之外全国 31 省（区、市）银行业金融机构的问卷反馈和第三方认证数据，计算得出各地区对标达标指数，全国 55% 的地区标准实施情况达到良好及以上水平。从整体来看，标准实施情况与各地经济发展程度具有相关性。但是，也存在部分经济不发达地区金融机构标准实施良好的情况，表明标准实施与地区经济发展程度并非严格正相关。

标准实施对经济和社会效益的影响。对于标准实施产生的经济效益，53% 的机构认为有正面影响，特别是在提升产品与服务质量方面的影响最为显著；3% 的机构认为有负面影响，表示实施标准将投入人力、物力和财力，导致机构运营成本增加。对于标准实施产生的社会效益，64% 的机构认为有正面影响，在提升消费者权益保护方面的影响最为显著；1% 的机构认为有负面影响，表示实施标准会造成普惠金融服务点建设成本增加。

第八节　金融标准创新建设试点

一、金融标准创新建设试点推进情况

自 2018 年试点批复正式发布后，重庆市、浙江省政府给予高度关注和重视，试点地区人民银行主动加强与当地银保监局、证监局、市场监管局及地方金融监管局的沟通联系，并牵头成立试点工作组，充分发挥试点地区各级金融机构自身业务和地理优势，以项目化、清单化方式统筹推进试点工作。

2019年，重庆市、浙江省深入推动金融标准创新建设试点工作：

重庆市以金融标准实施为主线，印发了《重庆市金融标准创新建设试点重点任务分解》（渝银发〔2019〕10号），明确了体制机制建设、重点领域的标准建设项目、产业培育及保障措施等方面的任务主体、内容和目标；组建了试点工作组及人才库，印发《重庆市金融标准创新建设试点工作组章程》（渝金标动态〔2019〕2号）；培育金融领域企业标准"领跑者"4个；开发建设了"金融标准实施反馈平台"；探索出适合中小银行的企业标准体系架构；编制了《金融机构标准化水平评价指标体系》，并筹建金融科技认证中心；推动重庆市金融学会新设金融标准化委员会，专职负责重庆市金融团体标准的管理工作。

浙江省以金融标准编制和工作模式建设为重点，2019年年初正式发布了第一批19个试点项目，涵盖了普惠金融、绿色金融、互联网金融及标准实施4个方面，年底又新增批复了第二批5个试点项目；发布了区域性绿色金融发展指数；印发了《浙江省金融标准创新建设管理办法（试行）》，从制度上明确了组织机构和工作职责，规范了金融机构、社会团体等单位研制金融标准的管理流程；成功立项并主导首个基于区块链的供应链金融国际标准项目；培育金融领域企业标准"领跑者"4个；推动浙江省金融学会正式获批开展团体标准研制等工作。

二、金融标准创新建设试点初步成效

（一）**区域金融标准化管理体制机制更加完善。** 人民银行重庆营业管理部、杭州中支分别牵头，会同当地银保监局、证监局和市场监管局及地方金融监管局共同组建试点工作组，统筹地方金融标准化工作，基本形成了顺畅的横向协作机制及良好的上下联动机制。

（二）**地方省市金融团体标准的管理平台成功搭建。** 利用重庆市金融学会、浙江省金融学会、浙江互联网金融联合会、浙江省保险行业协会的资源优势，搭建金融团体标准管理平台，探索金融团体标准项目试点，满足地方金融创新的标准供给需求。

（三）**探索出适合中小银行的"轻量级"企业标准体系构建方法。** 重庆农村商业银行根据其自身城乡差异大的特点，建立"国标、行标、团标""企业标准"和"规范性文件"3级文件体系，裁减银行业标准体系内容，根据实际需求建立规范性文件，选择重点规范性文件制定企业标准，推动具有较好普适性的标准成为团体标准或行业标准。

（四）**金融产品标准发挥出金融服务实体经济的规模效应**。重庆富民银行以票据贴现业务为切入点，建设《极速票据贴现》企业标准，将可贴现票据要素及流程标准化、规范化，客户首次贴现时间由原来的1～2个工作日缩短到30分钟，票据贴现业务规模也迅速扩大。2019年"富民极速贴业务"全年共服务实体企业近3万家，贴现发生11.91万笔，贴现金额合计917.26亿元，平均票面金额约77.02万元。

（五）**金融标准实施反馈系统的建设激发金融标准生命力**。以当前国家标准委员会、金融标准化委员会标准实施反馈要素为基础，结合具体指标的符合性抽样调查，通过建设"金融标准实施反馈平台"，实现在线实时评估金融机构及相应地区标准实施情况及社会效益，便于监管机构及时掌握标准应用实施情况。

（六）**"金融机构标准化水平评价指标体系"创新标准化工作评估方法**。人民银行重庆营业管理部构建了"四维一体"评价模式，包括标准化机制建设、标准建设与研究、标准实施及工作成效四个维度，17个评价方向，34个具体指标，能够准确评估金融机构标准化工作水平，实现了对金融机构开展标准化工作的操作指导，也为监管部门对金融机构标准化工作评价提供依据。

（七）**首个基于区块链的供应链金融国际标准项目成功立项**。探索两"链"融合标准化，以区块链技术为基础，提高供应链金融的安全性、便利性并实现端到端的透明化。人民银行杭州中支指导蚂蚁金服开展基于区块链的供应链金融标准化试点项目，为开发者和应用者提供实现和部署指南，并成功实现阶段性成果同步输出至IEEE国际标准。

第九节　金融标准化成效

2019年，金融标准化工作落实党中央、国务院关于经济金融工作的决策部署，推动标准供给，狠抓标准实施，强化标准引领，坚持"金融标准　为民利企"的发展理念，金融标准化的高质量发展不断推进，金融标准支持金融治理能力现代化、服务金融业健康有序发展能力进一步提升。

一、新型金融标准体系持续完善

2019年，金融标准化工作"国家标准保底线、行业标准设门槛、团标企标促发展"的格局不断完善，全年共有90项金融国家标准和行业标准正式立项。**国家标准筑牢底线**。2019年，包括绿色金融术语等22项金融国家标准立项，形成了由65项标准构成的金融国标体系，服务经济金融管理基本需要。**行业标准设定门槛**。全年金融领域新发布银行间市场基础数据元、移动金融客户端应用软件安全管理规范等7项金融行业标准，形成了由253项标准构成的金融行业标准体系，支撑金融业健康发展。同时，发布人民银行应用系统非功能性需求规范等3项技术标准。为规范引导新技术应用，人工智能、区块链、大数据、云计算等金融科技标准正在加紧研制。**团体标准蓬勃发展**。鼓励全国性和地方性金融社会团体在章程规定的范围内，开展金融团体标准的制定实践，构建高质量的金融团体标准体系。2019年，金融自助设备运维服务等22项团标相继发布，较好地满足了金融团体自律需要。**企业标准建设成绩显著**。通过开展金融领域企业标准"领跑者"活动，推进企业全面实施企业标准自我声明公开工作，截至2019年底，公开金融领域企业标准数量达2343项，大大提高金融机构和相关企业的标准化意识，有效增强金融产品和服务透明度，改善了消费者服务体验。

二、金融标准实施成效明显

在提高金融产品服务质量方面，银行客户服务中心、银行营业网点等标准进一步贯彻落实，改善了客户服务水平和网点运营环境；不宜流通人民币相关标准有效净化了货币流通质量，让老百姓用上"干净钱、放心钱"；农村普惠金融服务点标准在贫困地区积极推进，探索"金融标准＋扶贫"工作模式，助力金融支持扶贫攻坚和乡村振兴。在保护消费者权益方面，金融消费者投诉统计标准的实施提高了金融机构规范化工作水平，有效支持金融管理部门开展数据统计分析，维护了金融消费者合法权益。在助力企业高效发展方面，人民币现金机具相关标准的深入应用提升了现金机具生产企业研发效率，推动中国好产品走向世界，支持我国现金机具生产企业高质量发展，有效应对相关人民币产品的升级。

此外，浙江省、重庆市金融标准创新试点中期评估结果显示，金融标准实施在区域金融标准化管理体制机制建设、省市团体标准管理平台搭建、中小银行"轻量级"企业标准体系构建方法、金融产品标准支持实体经济发展、金融机构标准化水平评价指标体系建设等方面取得试点实效。

三、金融标准与金融治理融合发展

在金融风险防控方面，人民银行组织建立以资产管理产品介绍要素为代表的金融产品标准体系，助力构建跨市场金融产品的全流程、全链条统计监测框架，支持防范化解系统性金融风险。在金融业监管方面，商业银行担保物信息描述规范等标准推动银行间和跨行业担保物信息共享和互联互通，为全程穿透监管提供基础性支撑，为信贷领域探索金融科技和监管科技应用奠定基础。在金融科技产品治理方面，人民银行以标准落地实施为手段，推动将嵌入式应用软件、条码支付受理终端等11项金融科技产品纳入国家统一推行的认证体系，以标准助力金融科技安全与质量管理，切实提升金融科技监管和综合治理水平。

四、金融标准支持金融业双向开放能力明显增强

金融标准"引进来"步伐加快。积极履行作为G20、金融稳定理事会（FSB）成员责任，人民银行会同金融监管部门加大全球法人识别编码（LEI）推广力度，我国持码机构数量快速增长，截至2019年12月底，全球法人识别编码持码机构数从年初的1400余家增长到13529家，规则由年初的2条增长到12条，LEI应用实施路线图初步形成，跨境法人数字化身份识别试点和跨境法人数据库建设提上日程。LEI在金融市场覆盖率和应用水平大幅提升。积极推广应用金融业通用报文方案（ISO 20022）、国际证券识别编码（ISIN）等国际标准，促进高水平开放，建立中国金融业通用报文库。

金融标准"走出去"多层次推进。人民银行与哈萨克斯坦、泰国等"一带一路"沿线国家金融标准交流合作逐步深入，推动银行网点服务国标转化为亚洲金融合作协会标准，促进我国金融标准的境外应用，支持"一带一路"沿线国家和地区普惠金融发展；在国际标准化组织金融服务技术委员会框架下，我国有102名专家加入31个标准工作组，已成为国际标准编写的主要力量，其中9人次担任召集人、项目负责人等主要职务，牵头研制银行产品服务、金融科技、资本市场技术、条码支付等领域8项ISO标准；在

绿色金融热点领域国际标准化工作中，中国专家担任 ISO 可持续金融技术委员会主席顾问组副主席职务，并主导可持续金融术语标准研制工作。

五、金融标准化基础进一步夯实

一是探索金融标准化学科教育与人才培养模式。金标委秘书处与南开大学、山东大学、青岛大学及建行大学沟通交流，推动金融标准化与高等教育深入结合，探索产学研联合培养人才的新途径；金标委与山东大学共同编写《金融标准化通识》作为"深港澳金融科技师"专才计划的一级考试专用教材，系统梳理金融标准化知识体系，为金融标准化专业教育奠定基础。二是持续完善金融标准化重点课题研究机制。2018—2019 年度金标委重点研究课题结项，发布课题成果汇编；征集 2020 年度金标委重点研究课题建议，鼓励全国重点高等院校和社会科学研究机构组织专业研究人员参与金融标准化研究和建设。三是做好金标委分委会、工作组、委员和专家的管理与服务。完成印制分委会换届，推进保险分委会换届和证券分委会委员调整；召开金标委分委会及专项工作组总结交流会，完善分委会及专项工作组的汇报交流机制，提供信息共享平台。

第二章
金融标准国际化

- 金融标准国际化跟踪与研究
- 参与国际标准化工作情况
- 金融标准化国际交流

第二章　金融标准国际化

2019 年，金标委准确把握国际国内金融标准化及全球 LEI 体系发展形势，不断增强我国在国际金融标准化领域中的影响力，有序开展全球 LEI 体系各层级跟踪研究以及我国本地系统建设与运营，助力我国金融标准国际化。

第一节　金融标准国际化跟踪与研究

一、ISO/TC 68 标准化跟踪与研究

截至 2019 年底，国际标准化组织金融服务技术委员会（以下简称 ISO/TC 68）共有现行标准 55 项，其中包括信息安全类标准 16 项，参考数据类标准 12 项，信息交换类标准 27 项。

2019 年，ISO/TC 68 提出了 ISO/AWI TR 14742《金融服务　密码算法及其使用的建议》、ISO/AWI 16609《金融服务　采用对称加密技术进行报文鉴别的要求》、ISO/AWI 19092《金融服务　生物识别　安全框架》、ISO/WD 24374《信息技术　安全技术　用于金融服务的分布式账本和区块链》、ISO/AWI 24165《金融服务参考数据　数字令牌标识符　注册、分配和结构》、ISO/WD 24366《自然人识别编码》、ISO/NP 8583《产生报文的金融交易卡交换报文规范》、ISO/NP 18245《金融零售业务商户类别代码》8 项新工作项目提案。ISO 20022 注册机构（RA）发布了中央交易监管报告报文、证券融资交易报告报文和 T2S 参考数据报文等 61 条报文。ISO/TC 68 及其分委会组织开展了 ISO/DIS 21586《银行产品服务描述规范》、ISO/CD 23195《第三方支付服务信息系统的安全目的》、ISO/DIS 17442《金融服务　法人识别编码（LEI）》、ISO/CD 6166《证券及相关金融工具　国际证券识别编码体系（ISIN）》、ISO/WD 24366《自然人识别编码》等 19 项国际标准的制修订（见表 2-1）。ISO/TC 68 新发布 4 项国际标准：ISO 13492：2019《金融服务　密钥管理相关数据元　用于加密的 ISO 8583-1 数据元的应用和使用》、ISO 8583-1《用于加密的数据元的应用和使用》、ISO 10962：2019《证券及相关金融工具　金融工具分类（CFI 编码）》、ISO 17442：2019《金融服务　法人识别编码（LEI）》、ISO/TR 21797：2019《金融服务参考数据　金融工具识别概况》。

表 2-1 2019 年 ISO/TC 68 金融国际标准制修订统计

标准制修订过程	立项	编制与修订	发布
数量统计	8 项	19 项	4 项

（一）着手开展金融标准实践工作

2019 年，TC 68 全体会议决议组建金融服务标准最佳实践咨询组，将金融标准与金融服务的行业需求相结合，开展识别和采纳最佳实践的方法途径，发挥不同标准间的协同作用，以支持和强化现有 TC 68 的标准分类框架。咨询组从全球法人识别编码（LEI）、国际证券识别编码（ISIN）和业务标识代码（BIC）三项参考数据标准着手，使不同标准所用的数据元素具有一致性，同时将数据一致性工作与目前用于金融服务的行业标准业务存储库及 ISO 20022 相关联。

（二）开展金融安全重点领域标准研制

2019 年，为满足全球金融科技的飞速发展及监管需求，ISO/TC 68/SC2 批准成立了条码支付安全研究组（SG2）和移动金融服务客户身份鉴别技术研究组（SG3），分别负责相关领域国际标准研制工作。同时，积极推进 ISO/AWI 19092《金融服务　生物识别　安全框架》、ISO/AWI TR 14742《金融服务　密码算法及其使用的建议》及 ISO/WD 24374《信息技术　安全技术　用于金融服务的分布式账本和区块链》多项安全标准制修订工作。

（三）继续推动 ISO 20022 标准的编制工作

ISO 20022 注册管理组（RMG）会议决议调整优化部分组别的人员配置，批准了支付、证券等标准评估组（SEG）更换召集人，技术支持组（TSG）更换秘书。同时就 ISO 20022 RMG 纳入 TC 68/SC9 组织架构进行讨论，预计于 2020 年 2 月底前形成建议。此外，TC 68/SC9 年会批准成立 ISO 20022《金融服务　金融业通用报文方案》修订研究组，由中国外汇交易中心代表担任召集人，SWIFT 专家担任秘书，提出修订 ISO 20022 的建议，推动 ISO 20022 标准支持更多的数据和更丰富的数据结构，为跨境交易提供端到端的全面数据需求。

二、ISO/TC 322 标准化跟踪与研究

（一）TC 322 工作范围

2019年3月，在国际标准化组织可持续金融技术委员会（以下简称 ISO/TC 322）的首次全体会议上，初步确定 TC 322 的工作范围。后经修改完善并提交 ISO 技术管理局（ISO/TMB）审批，TC 322 的工作范围最终确定为：可持续金融领域的标准化，将环境、社会和治理实践方面的可持续性考虑纳入经济融资活动中。TC 322 将在金融服务领域与 TC 68、在环境管理领域与 TC 207、在资产管理领域与 TC 251、在组织治理领域与 TC 309 开展密切合作。

（二）TC 322 组织架构

截至2019年底，TC 322 共有22个积极成员（P-member），14个观察员（O-member）[①]。

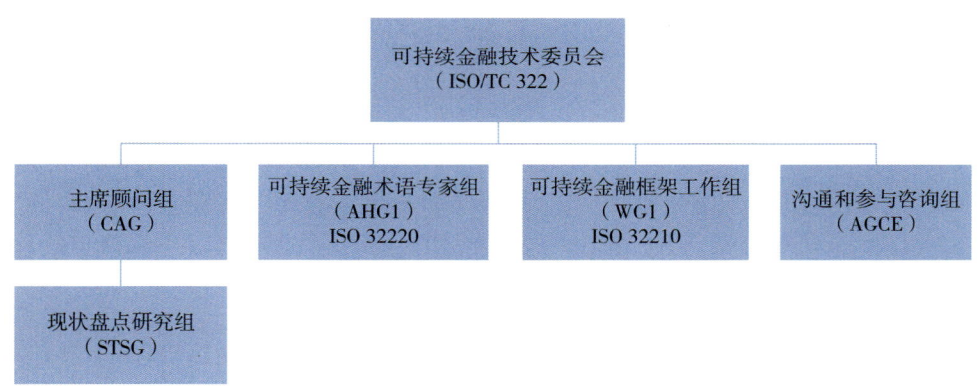

图 2-1 TC 322 组织架构

TC 322 共设有4个工作组，主要开展了如下工作：

主席顾问组（CAG）负责协助主席对 TC 工作进行协调、规划和指导，起草 TC 322 的战略工作计划（SBP），包括 TC 322 的业务环境、预期效益、参与主体、目标及实现战略、影响因素、组织结构、当前项目等，将成为日后 TC 322 工作的指导性文件。此外，CAG 成立了可持续金融现状盘点研究小组（STSG），对各个国家和区域汇总的可持续金

---

① 22个积极成员包括：奥地利、巴巴多斯、中国、塞浦路斯、芬兰、法国、德国、希腊、印度、意大利、日本、韩国、卢森堡、挪威、葡萄牙、俄罗斯、新加坡、瑞典、瑞士、泰国、英国、美国。14个观察员包括：阿根廷、澳大利亚、比利时、哥斯达黎加、捷克、丹麦、中国香港、伊朗、马来西亚、荷兰、新西兰、波兰、斯洛伐克、西班牙。

融相关政策和文件进行了整理分析，并形成报告。

术语专家组（AHG 1）负责可持续金融术语标准及相关研制工作，并对 TC 322 及其他相关 TC 的术语工作予以指导，目前正在起草 ISO/TR 32220《可持续金融 关键术语表》，已注册为预工作项目（PWI）。

可持续金融框架工作组（WG1）负责起草 ISO 32210《可持续金融框架：原则与指南》，拟为相关组织将可持续性纳入投资与管理实践，促进可持续资产融资和发展，从环境、社会和公司治理（ESG）方面提供原则、实践和术语等框架层面的指导。WG1 已在新标准项目提案（NWIP）的基础上商议和完善了标准的范围与结构，进入了工作组草案（WD）阶段。

沟通和参与咨询组（AGCE）负责解决 TC 322 的总体沟通和参与问题，包括使用 ISO 平台开发 TC 322 网站结构和内容。TC 322 已与 TC 68 金融服务、TC 207 环境管理、TC 251 资产管理、TC 307 区块链和分布式账本技术、TC 309 组织治理等多个 ISO 内部技术委员会，及气候债券倡议组织（CBI）、欧盟委员会（EC）、全球价值银行联盟（GABV）、环境管理与评估协会（IEMA）、可持续会计准则委员会（SASB）、世界自然基金会（WWF）等外部组织建立联络关系。

此外，TC 322 拟与 TC 207 环境管理技术委员会建立联合工作组（JWG），共同研制 ISO 14100《支持绿色金融发展的项目、资产和活动环境标准指南》，用于确定项目、资产和活动对环境产生的影响和效益。

（三）TC 322 在建及发布标准

截至 2019 年底，TC 322 共有 ISO/WD 32210《可持续金融框架：原则与指南》1 项标准立项，ISO/TR 32220《可持续金融 关键术语表》1 项标准注册为预工作项目（PWI）。

三、全球 LEI 体系跟踪研究与实施情况

2019 年，全球 LEI 体系稳定发展，监管委员会（ROC）、全球法人识别编码基金会（GLEIF）及各本地系统（LOU）三层级工作取得积极进展。

（一）监管委员会（ROC）

ROC 职能及治理机制调整。为提高场外衍生品（OTCD）市场透明度、防范系统性

风险，2009 年，G20 峰会提出所有 OTCD 交易信息应报告至交易报告库（TR）。2014 年 FSB 研究指出，整合全球主要 TR 的交易数据有助于监管部门全面了解 OTCD 市场和交易活动，因此应建立产品和交易识别码，配合 LEI 实现对交易机构、交易产品和交易合同的标准化识别，推动跨国家、跨市场 TR 的数据整合。之后，FSB 联合支付和市场基础设施委员会（CPMI）、国际证监会组织（IOSCO）共同建立了唯一交易识别码（UTI）、唯一产品识别码（UPI）和关键数据要素（CDE），并提出将 UTI/UPI/CDE 纳入全球 LEI 体系进行治理。为做好相关工作，ROC 着手研究调整 LEI 执行委员会治理架构，并形成初步方案，预计 2020 年 6 月 ROC 全体会议审议通过后提交 FSB 审议。

研究未来 LEI 发展愿景和战略。 随着 LEI 在全球范围内金融领域覆盖水平逐步提高，未来如何进一步推动 LEI 实施是 ROC 需要解决的重要问题。为此，2019 年 ROC 成立了 LEI 愿景工作组，就未来 5 至 10 年 LEI 发展提出展望和战略建议。该工作组已形成报告初稿，提出全球 LEI 体系的愿景是将 LEI 建设成为全球性数据基础设施，提供可靠可信的覆盖全球所有法人的数字地图，满足全球所有关于法人的数据服务需求，并围绕这一长期目标对 LEI 数据收集及验证模式、费用模式、潜在应用领域等做进一步研究。

加强大型跨国企业集团的关系数据收集。 FSB 在全球 LEI 实施同行评估报告中提出，应提高大型跨国企业的第二层关系数据的收集水平和可用性。为落实这一建议，ROC 和全球 LEI 基金会（GLEIF）着手研究大型国际性跨国企业的 LEI 覆盖率及数据收集，主要包括如下工作：一是建立重点机构名录，跟踪监测其 LEI 持码情况；二是研究引入 LEI 关系数据完整度标识，即对于提交了完整有效的关系数据的企业，其 LEI 将被标识为"数据完整"，以此鼓励企业报送关系数据；三是呼吁 ROC 成员推动本国的大型跨国企业申请 LEI。

公共部门机构申请 LEI 的资格。 为明确政府部门是否有 LEI 申请资格，加强对政府债务发行人的识别，ROC 对公共部门机构 LEI 申请资格进行了研究，初步明确公共部门机构的定义，拟采用国民账户体系 2008 的定义，公共部门包括政府部门和公有企业，其中政府部门包括中央/省州级和地方政府，以及由政府部门控制的非市场化/非营利性机构，也包括社会保障基金。在申请资格方面，公有企业具有 LEI 申请资格，且应报告编制其会计并表的母公司；政府部门如果具有法人资格（比如具有签订合同的法律地位）则可申请 LEI，政府部门可不上报母公司信息。

LEI 数据质量管理。为持续推升 LEI 参考数据质量，从"事后被动补漏"变为"事前主动管理"，ROC 成立了数据质量工作组作为常设机制，负责协调 GLEIF 研究制定数据质量相关标准、开展数据质量评估、监督标准实施、设置 LEI 数据合规性标识等。后续，工作组将制定一系列 LEI 数据质量评价指标。

推动 LEI – ISIN 映射。2019 年 4 月，全球 LEI 基金会与国家编码机构协会（ANNA）启动了国际证券识别编码（ISIN）与 LEI 的映射，共有 11 个 ANNA 成员①自愿加入映射工作。

（二）全球法人识别编码基金会（GLEIF）

GLEIF 作为 LEI 体系中央运行单位，承担对全球范围内各本地系统的监管以及全球 LEI 编码数据的集中汇总、各项技术标准的制定实施等职责。2019 年，GLEIF 董事会在内部治理、战略研究、数据质量管理等工作方面取得进展。

董事换届工作顺利开展。2019 年 6 月，包括我国董事在内的 4 位董事完成董事换届，2020 年 6 月，包括 GLEIF 董事会主席在内的 5 名董事任期到期，GLEIF 目前已启动新董事招募工作。

开展战略研究项目。为进一步推广 LEI 编码应用，降低 LEI 注册费用，GLEIF 与麦肯锡等咨询公司合作，寻求市场机构反馈，制定了"全球 LEI 体系 2.0 战略"行动策略。一是使 LEI 成为"数据联通中心"以增强其价值。二是升级 GLEIF 运营模式，让银行参与到商业模式的设计中来，以更好地解决银行和其客户遇到的问题。三是进行市场宣传，通过引导和吸引关键利益相关方（特别是银行）来获取对"全球 LEI 体系 2.0 战略"的认可。四是 GLEIF 与银行合作管理该战略的长期经济效益，确保合理定价机制。GLEIF 考虑 2020 年至 2021 年在全球开展推广以上"全球 LEI 体系 2.0 战略"行动策略，并准备在美国泽西城和新加坡新设立两间办公室以满足其在北美和亚洲拓展需求。

GLEIF 持续推动数据质量管理。一是在现有数据质疑机制的基础上，开发针对 LEI 编码第二层级数据的质疑工具；二是结合算法分析与人工审核方式，提升个体经营者、机构地址等方面数据的精确性；三是数据治理方面，GLEIF 继续开展数据查重，确保法人机构与 LEI 编码唯一对应。

---

① 包括英国、德国、瑞士、瑞典、奥地利、比利时、波兰、冰岛、马耳他、尼日利亚、斯洛文尼亚。

表2-2 全球各本地系统认可情况

序号	国别	机构名称（按首字母先后排序）	机构中文名称
1	斯洛文尼亚	Agencija Republike Slovenije za javnopravne evidence in storitve（AJPES）	斯洛文尼亚共和国公共记录与服务
2	墨西哥	Asociación Mexicana de Estándares para el Comercio Electrónico A. C.（GS1 Mexico）	墨西哥爱沙尼亚电力贸易协会（GS1 墨西哥）
3	美国	Bloomberg Finance L. P.（Bloomberg）	彭博财经社
4	德国	Bundesanzeiger Verlag GmbH（Bundesanzeiger Verlag）	德国联邦银行
5	美国	Business Entity Data B. V.（GMEI Utility a service of BED B. V.）	商业机构数据有限公司
6	中国	全国金融标准化技术委员会（China Financial Standardization Technical Committee）	全国金融标准化技术委员会
7	尼日利亚	Central Securities Clearing System Plc（CSCS Nigeria）	尼日利亚中央证券结算系统有限公司
8	斯洛伐克	Centrální depozitár cenných papírůa. s.（CSD Prague）	斯洛伐克中央证券存储库
9	捷克	Centrálny depozitár cenných papierov SR a. s.（CSD Slovakia）	布拉格中央证券存储库
10	西班牙	Colegio de Registradores de la Propiedad Mercantiles y Bienes Muebles de España（CORPME）	西班牙土地和商业注册公共公司
11	罗马尼亚	Depozitarul Central S. A.（Depozitarul Central Romania）	罗马尼亚中央证券存储库
12	德国	EQS Group AG（EQS）	EQS 集团公司
13	比利时	GS1 AISBL（GS1）	GS1 国际非营利组织
14	德国	Herausgebergemeinschaft WERTPAPIER – MITTEILUNGEN Keppler Lehmann GmbH & Co. KG（WM Datenservice）	WM 数据服务公司
15	意大利	InfoCamere SCpA Societa´Consortile di Informatica delle Camere di Commercio Italiane per Azioni（InfoCamere）	意大利商会信息学联合会
16	法国	Institut national de la statistique et des études économiques（Insee）	国家统计和经济研究所
17	斯洛文尼亚	KDD – Centralna klirinško depotna družba d. d.（Central Securities Clearing Corporation Slovenia）	斯洛文尼亚中央证券结算公司
18	荷兰	Kamer van Koophandel（KvK；Netherlands Chamber of Commerce）	荷兰商会

续表

序号	国别	机构名称（按首字母先后排序）	机构中文名称
19	韩国	Korea Securities Depository（KSD）	韩国预托结算院
20	波兰	Krajowy Depozyt Papierów Wartościowych S. A.（KDPW）	国家证券存款公司
21	印度	Legal Entity Identifier India Limited（LEIL）	法人识别编码印度有限公司
22	英国	London Stock Exchange LEI Limited（London Stock Exchange）	伦敦证券交易所
23	卢森堡	LuxCSD S. A（LuxCSD）	卢森堡中央证券存储库
24	瑞士	Office fédéral de la statistique（Federal Statistical Office）	联邦统计局
25	芬兰	Patentti – ja Rekisterihallitus（Finnish Patent and Registration Office，PRH）	芬兰专利和注册局
26	卡塔尔	Qatar Central Bank（Qatar Credit Bureau）	卡塔尔中央银行（卡塔尔信贷局）
27	沙特阿拉伯	Saudi Credit Bureau（SACB / Moaʻrif）	沙特信贷局
28	南非	Strate（Pty）Ltd.（Strate）	南非中央证券存储库
29	爱尔兰	The Irish Stock Exchange Plc（Irish Stock Exchange）	爱尔兰证券交易所
30	日本	Tokyo Stock Exchange Inc.（Japan Exchange Group/Tokyo Stock Exchange（JPX/TSE））	东京证券交易所有限公司
31	芬兰	Ubisecure Oy（RapidLEI）	Ubisecure 有限公司
32	克罗地亚	Zagrebačka burza d. d.（Zagreb Stock Exchange ZSE）	萨格勒布证券交易所
33	土耳其	İstanbul Takas ve Saklama Bankası Anonim Şirketi（Takasbank）	土耳其伊斯坦布尔清算、结算和托管银行
34	俄罗斯	Небанковская кредитная организация акционерное общество Национальный расчетный депозитарий（National Settlement Depository Russia）	俄罗斯国家结算存管局

（三）本地系统（LOU）

2019 年，全球各本地系统建设平稳发展。截至 2019 年，全球共有 34 个机构通过 GLEIF 最终认可（包括中国），GLEIF 每日通过数据接口汇总 LEI 编码数据。2019 年 LOU 的发展主要体现在以下几个方面。

截至 2019 年底，全球 34 个本地系统共发布编码 150 余万个。

第二章 金融标准国际化

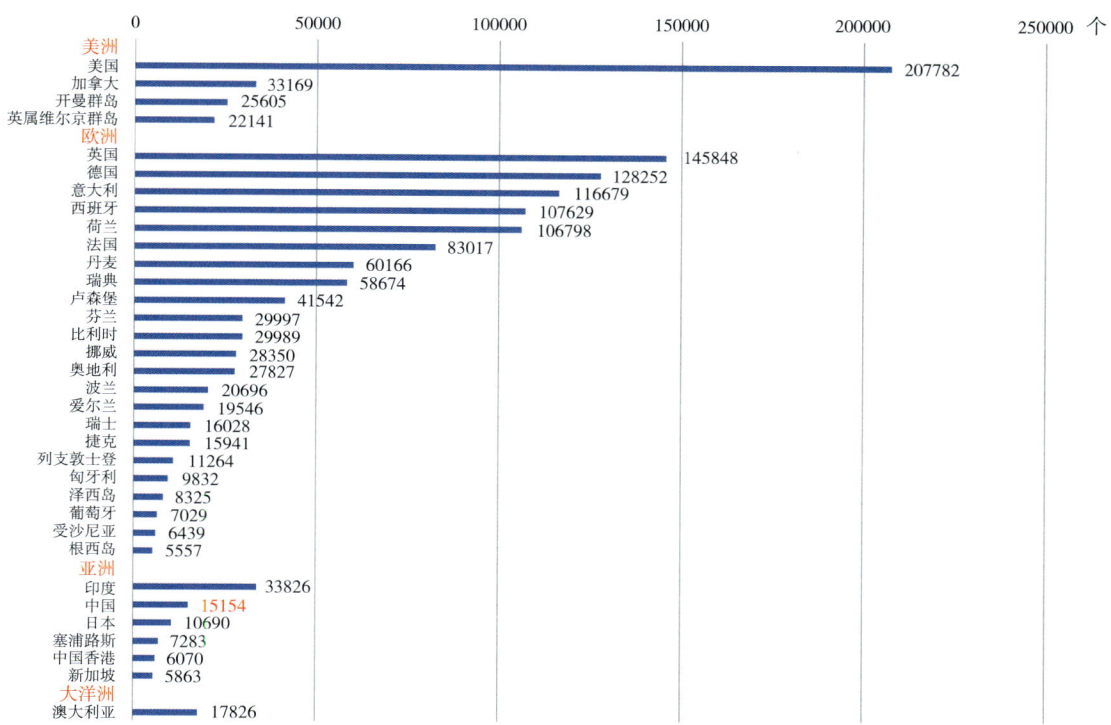

图 2-2 全球主要国家或地区 LEI 持码机构数量

截至 2019 年底,第一层级数据及第二层级数据的完全验证率稳步上升,标志着 LEI 编码所附带的数据质量提升,也为后期监管等应用奠定基础。

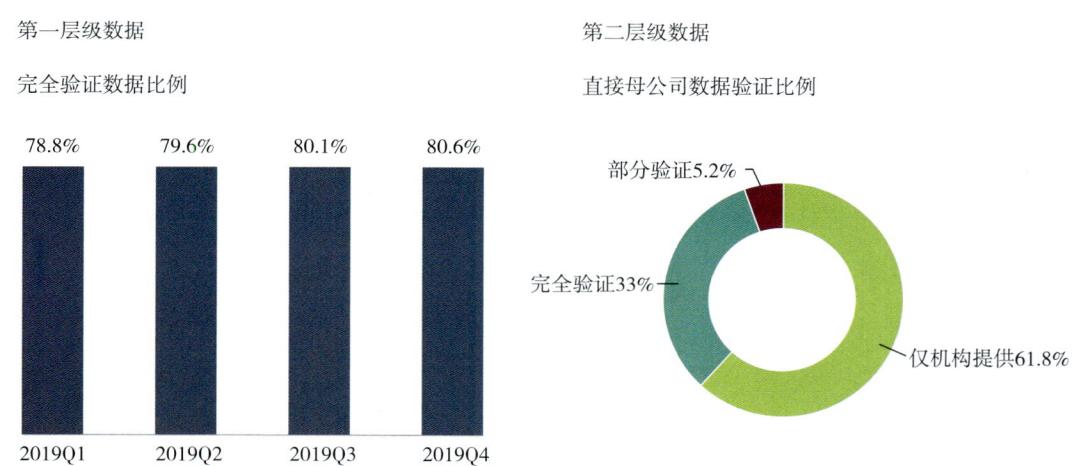

图 2-3 LEI 编码数据验证情况

截至 2019 年第四季度,中国 LEI 编码增长率名列全球第一。

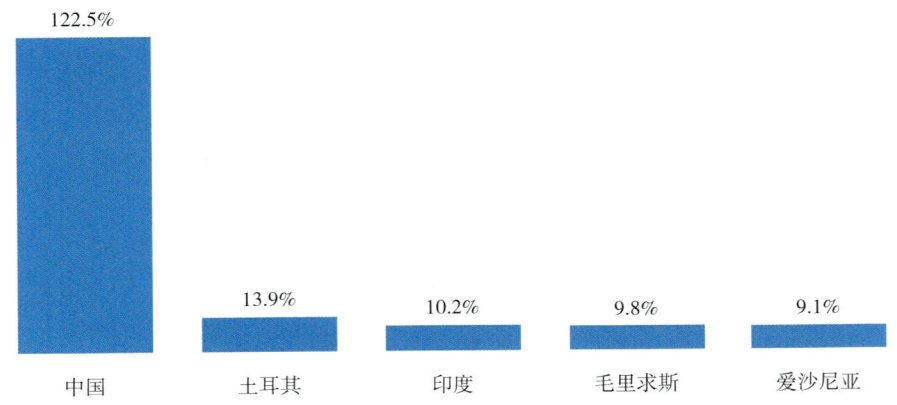

图 2-4 截至 2019 第四季度全球 LEI 编码增长率

第二节 参与国际标准化工作情况

一、参与 ISO/TC 68 国际标准工作组情况

2019 年，金标委不断完善金融国际标准化跟踪研究对口机制，加大高素质人才队伍培养力度，主导国际标准制修订，不断提升参与国际标准化工作水平。截至 2019 年底，共推荐 102 名专家加入条码支付安全、移动金融服务客户身份鉴别技术等 31 个 ISO 工作组（如表 2-3 蓝色标注所示）。

金标委积极组织国内对口单位参与国际标准工作组工作并取得积极成效，具体如下。

（一）ISO 20022 注册管理组（ISO 20022 RMG）

2019 年，我国专家代表分别参加了 ISO 20022 RMG 巴黎年会和洛杉矶年会。参会人员包括 RMG 的各成员国、联络机构代表和 RMG 下设各工作组召集人或代表。该会议就上一届会议决议执行情况跟踪、各工作组报告、注册机构（RA）报告、美国市场应用概况、ISO 20022 战略方向进行讨论。我国专家将持续跟踪并积极参与 RMG 治理和 ISO 20022 修订，以争取将我国金融业通用报文库的建设成果作为 ISO 20022 国际标准的一部分。截至 2019 年 12 月底，ISO 20022 RMG 下设的 5 个 SEG，共开发报文 576 条，较上年新增 61 条。

（二）金融服务业公钥基础设施管理工作组（ISO/TC 68/SC2/WG8）

SC2/WG8 负责编制的 ISO 21188：2018《用于金融服务的公钥基础设施实施和策略框架》于 2018 年正式发布。2019 年，我国启动了 ISO 21188：2018 的国标采标工作。同时，该工作组计划提出关于金融服务分布式账本与区块链的新工作项目提案。

表 2-3　ISO/TC 68 及其分委会组织架构及国内参与情况

ISO/TC68金融服务技术委员会	TAG1 – 金融科技技术咨询组（FinTech）（人民银行科技司、人民银行重庆营管部、金融信息中心、外汇交易中心、互联网金融协会）	
	AG3 – 金融服务标准最佳实践咨询组（人民银行重庆营管部、外汇交易中心、支付清算协会、CIPS、农业银行）	
	CAG – 主席顾问组	
	AHGI – 特别工作组	
	AG2 – 标准顾问组	
	SG4 – 外联宣传组	
ISO/TC68分委会	ISO 20022 注册管理组（RMG）（人民银行科技司、外汇交易中心、CIPS）	ISO 20022 贸易服务类标准评估组
		ISO 20022 业务模型支持组（外汇交易中心）
		ISO 20022 外汇类标准评估组（外汇交易中心、CIPS）
		ISO 20022 卡及相关零售金融服务类标准评估组（工商银行）
		ISO 20022 金融衍生品子标准评估组（外汇交易中心、工商银行、农业银行）
		ISO 20022 支付类标准评估组（农信银资金清算中心、蚂蚁金服）
		ISO 20022 实时支付特别工作组（人民银行支付司、清算总中心、CIPS）
		ISO 20022 技术支持组（外汇交易中心）
	SC2安全分技术委员会	SG3 – 移动金融服务客户身份鉴别技术研究组（蚂蚁金服、中国银联、网联清算、人民银行重庆营管部、工商银行、腾讯）
		SG2 – 条形码支付安全研究组（人民银行重庆营管部、中国银联、网联清算、蚂蚁金服、腾讯）
		WG17 – 数字货币的安全方面工作组（人民银行货金局、数字货币研究所、印制公司、中金国盛）
		WG8 – 金融服务业公钥基础设施管理（金融信息中心、数字货币研究所、中金金融认证中心、建设银行、交通银行）
		WG11 – 银行业务中的加密算法工作组（人民银行太原中支、交通银行、中金金融认证中心）
		WG13 – 零售银行业务中的安全工作组（中国银联、银检中心、交通银行）
		WG16 – 第三方服务供应商的相关安全工作组（人民银行科技司、网联清算、农业银行、蚂蚁金服、财付通）
	SC8参考数据分技术委员会	CAG1 – 主席顾问组
		WG1 – 金融工具分类工作组（中国期监、中证信息、交通银行）
		WG2 – 银行产品服务描述工作组（农业银行、中金国盛）
		WG3 – 数字货币代码第二层级注册工作组（人民银行太原中支、数字货币研究所、印制公司、农业银行）
		ISO 4217/MA –《表示货币的代码》标准维护机构（外汇交易中心）
		ISO 20275/MA –《机构法律形式（ELF）》标准维护机构（农业银行）
		WG4 – ISO 17442 修订工作组（金电公司、金融信息中心、中证登、海通证券、中金金融认证中心）
		AG1 – 金融工具分类顾问组（外汇交易中心、银检中心、中证信息、西南财大、中国期监）
		WG5 – 唯一交易标识码工作组（人民银行科技司、人民银行长春中支、外汇交易中心、西南财大、中国期监）
		WG6 – ISO 6166 修订工作组
		WG7 – 自然人识别编码工作组（深交所、农业银行、蚂蚁金服）
	SC9信息交换分技术委员会	TG1 – 卡标准技术组（人民银行科技司、中国银联）
		WG1 – ISO 20022 语义模型工作组（人民银行重庆营管部、清算总中心、外汇交易中心、建设银行、蚂蚁金服）
		WG2 – 金融服务中基于 Web 服务的应用程序接口（WAPI）工作组（人民银行济南分行、外汇交易中心、互联网金融协会、网联清算、CIPS、蚂蚁金服）
		WG3 – ISO 8583 与 ISO 18245 标准修订工作组（外汇交易中心、中国银联、网联清算、工商银行、农业银行）
		SG1 – ISO 20022 标准复审意见研究组（清算总中心、外汇交易中心、支付清算协会、网联清算、上交所、CIPS）

（三）零售银行业务中的安全工作组（ISO/TC 68/SC2/WG13）

2019年8月，SC2/WG13工作组会议在加拿大多伦多召开。在研究标准项目推进方面，会议对ISO/CD 11568《金融服务 密钥管理（零售）一般原则，对称加密和非对称密码系统，密钥管理及生命周期》等标准进行了修订讨论。我国派专家代表参会，跟进并参与密钥管理、PIN安全、生物识别安全框架等标准修订工作，及时提出我国技术意见。

（四）第三方支付服务供应商的相关安全工作组（ISO/TC 68/SC2/WG16）

2019年，经与国际标准化组织各方的有效沟通，我国专家主导的ISO/CD 23195《第三方支付信息系统安全目的》已进入注册国际标准询问草案（DIS）阶段，后续ISO/CD 23195将进行国际标准询问草案阶段（DIS）投票。

（五）条形码支付安全研究组（ISO/TC 68/SC2/SG2）

2019年8月13日，TC 68/SC2组建条形码支付安全研究组，由我国蚂蚁金服专家担任召集人，工作组专家来自中国、日本、美国、英国、瑞士、南非、俄罗斯、荷兰8个国家。9月，研究组召开首次会议，回顾并讨论了研究组成立的背景、研究范围及内容、长短期规划等事项。2019年底，该工作组已完成新工作项目提案初稿及国内专家组意见征集和处理。

（六）移动金融服务 客户身份鉴别技术研究组（ISO/TC 68/SC2/SG3）

2019年5月，TC 68/SC2年会决议成立"移动金融服务 客户身份鉴别技术"研究组，由我国蚂蚁金服专家担任召集人。2019年8月研究组正式成立，10月正式启动工作，该组由中国、美国、法国、日本、英国、南非、澳大利亚7国共计20名专家组成。2019年底，已完成标准初始草案的框架性文档，正在向国内外专家征求文稿、意见和建议。计划于2020年6月前提交材料并启动新立项投票。

（七）银行产品服务描述工作组（ISO/TC 68/SC8/WG2）

ISO/DIS 21586《金融服务参考数据 银行产品服务描述规范》是第一个由我国主导的、在国际标准化组织成功立项的金融国际标准，工作组由中国农业银行专家担任召集人和秘书。2019年底，该项在建标准已完成国际标准询问草案阶段投票，争取顺利注册为最终国际标准草案。

（八）数字令牌标识符工作组（ISO/TC 68/SC8/WG3）

2019年底，SC8/WG3已经由货币代码第二层级注册工作组改为数字令牌标识符工作组，其负责编制的 ISO/CD 24165《金融服务参考数据 数字凭证标识码 注册 分配和结构》处于委员会草案投票阶段。该工作组明确了数字凭证识别码（DTI）与货币代码的关系，另外国际证券识别编码与 DTI 之间的关系正在讨论中。

（九）ISO 17442 修订工作组（ISO/TC 68/SC8/WG4）

2019 年，ISO 17442 修订工作组积极推进 ISO 17442：2012《金融服务 法人识别编码（LEI）》标准修订工作。ISO 17442 标准跳过委员会草案（CD）直接进入国际标准草案（DIS）阶段进行投票。国内对口单位中国金融电子化公司、中国证券登记结算有限责任公司、跨境银行间支付清算有限责任公司（CIPS）、中金金融认证中心等的专家提出修订意见，其中明确 CA 的发放证书操作的主体和客体关系的表述等意见被采纳。

（十）唯一交易标识码工作组（ISO/TC 68/SC8/WG5）

SC8/WG5 工作组负责编制的 ISO/DIS 23897《金融服务 唯一交易标识码（UTI）》已完成委员会草案（CD）阶段投票，进入国际标准询问草案阶段。在关于省略 CD 阶段投票中，经过我国专家组讨论，考虑到目前 UTI 不适用于场内交易，推广至全部金融交易会对全球金融体系产生系统性影响，针对该标准提出建议明确标准范围的技术意见。

（十一）ISO 20022 语义模型标准工作组（ISO/TC 68/SC9/WG1）

SC9/WG1 主要负责 ISO/ TR 22126《ISO 20022 附加外部描述》的编写工作，开展 ISO 20022 业务模型的语义表示与其他相关标准业务模型的映射，包含 FIX、ISO 20022、IMIX 等 10 项标准。2019 年，SC9/WG1 主要围绕形成 13 项技术报告以及建设多标准语义门户进行，后续逐步实现多个标准与 ISO 20022 语义映射。

（十二）金融服务中基于 Web 服务的应用程序接口（WAPI）工作组（ISO/TC 68/SC9/WG2）

SC9/WG2 负责 ISO/TS 23029：2020《金融服务中基于 Web 服务的应用程序接口（WAPI）技术规范》编制工作，中国外汇交易中心专家加入该国际标准工作组的领导团队并担任主笔人。该标准定义了开发基于网络服务的应用程序接口中所需的逻辑和技术分层方法，为整个金融市场基础设施之间基于网络服务的接口设计和数据交互提供了规范性指导。2019 年底，该标准已进入技术规范发布阶段。

二、参与 ISO/TC 322 工作情况

2019 年，金标委积极协助国家标准委做好 TC 322 对口工作，并组织金融机构、研究

机构、高等院校等各方专家参与 TC 322 工作，促进 ISO 可持续金融标准化国际合作与交流。截至 2019 年底，金标委共推荐 9 位专家参加 TC 322 主席顾问组（CAG）、可持续金融术语专家组（AHG1）、可持续金融框架工作组（WG1）等，牵头或参与 TC 322 多项重点工作。

（一）主席顾问组（ISO/TC 322/CAG）

CAG 主要负责协助 TC 322 主席规划 TC 建设、审核新标准项目提案、为 TC 322 与其他 TC 和外部组织的沟通协调提供建议等。我国专家担任 CAG 副主席，参与起草 TC 322 战略工作计划（SBP）。在我国专家建议下，CAG 设立了可持续金融现状盘点研究小组（STSG），对当前可持续金融相关的国家和国际层面的高级别原则、指南和技术标准进行整理分析，识别现有可持续金融标准化工作的重叠和空白，并据此提出下一步工作建议。

（二）可持续金融术语专家组（ISO/TC 322/AHG1）

AHG1 长期负责可持续金融术语相关标准研制工作，对 TC 322 及其他相关 TC 的术语工作予以指导。我国专家担任 AHG1 组长，负责牵头起草 ISO/TR 32220《可持续金融关键术语表》，拟于 2020 年以 ISO 技术报告的形式发布，将成为 TC 322 发布的首个标准。未来将根据行业不断发展定期（初定每年）对 ISO/TR 32220 进行修订。

（三）可持续金融框架工作组（ISO/TC 322/WG1）

WG1 负责起草 ISO 32210《可持续金融框架：原则与指南》，为相关组织提供 ESG 方面的指导。在 ISO 32210 立项和 WG1 成立期间，我国对标准的名称和范围提出完善建议，并提供已有政策文件作为参考，同时推荐 3 位专家参加 WG1 和标准起草。在 2019 年 12 月的工作组现场会议期间，与各国专家共同讨论完善标准草案稿，推动标准进入工作组草案（WD）阶段。

三、我国 LEI 工作开展情况

2019 年，我国持续开展 LEI 体系三个层级（ROC、GLEIF、LOU）的跟踪研究工作，加快推进 LEI 赋码及应用，推动本地系统可持续运营建设。

（一）监管委员会（ROC）层面

1. 积极跟踪参与 ROC 工作。 做好 FSB 关于全球 LEI 应用实施同行评估工作，组织金融管理部门和部分金融基础设施机构填写调研问卷，并支持 ROC 做好报告编制工作。

2019年5月，FSB正式发布了《全球法人识别编码应用实施同行评估报告》，对FSB成员司法管辖区的LEI数量、应用规则制定情况、实施战略、LEI未来发展面临的挑战和推广措施进行了总结分析。积极参加LEI体系治理架构调整，派员加入ROC新成立的唯一识别编码和数据要素工作组，跟踪参与ROC关于治理架构调整的相关工作。

2. 加强LEI国际沟通交流。 邀请全球LEI基金会主席来华，分别与金融管理部门、金融基础设施和市场机构等进行专题交流。交流期间，全球LEI基金会主席介绍了全球LEI体系的发展历程与LEI应用实施情况，阐述了下一阶段在LEI赋码量、费用、银行代理注册和数字身份识别等方面的推广战略，并建议我国在交易报告、证券交易、跨境支付等领域推动LEI应用实施。人民银行、银保监会、证监会、外汇局分别介绍本领域LEI实施情况，主要金融基础设施和金融机构介绍了应用推广LEI的经验体会。全球LEI基金会主席对中国在LEI实施方面取得的进展表示高度赞赏，并表示将积极支持中国在LEI代理注册、数字身份识别等方面的试点工作。

3. 加强LEI宣传研究。 组织翻译并出版FSB关于全球LEI实施的同行评估报告，梳理并编译全球LEI应用规则汇编，供业内参考。组织翻译FSB、支付与市场基础设施委员会和国际证监会组织（CPMI–IOSCO）关于UTI/UPI的技术指引和治理机制文件，并开展国际主要交易报告库数据标准预研，为后续我国实施UTI/UPI/CDE奠定基础。通过人民银行公众号、杂志媒体等渠道开展LEI宣传，增强市场主体对LEI的理解和认识。

（二）全球法人识别编码基金会（GLEIF）层面

积极开展GLEIF跟踪研究工作。一是持续参与国际标准治理工作，深度跟进全球LEI体系2.0战略研究工作，并参与GLEIF相关政策制定及内部管理工作。二是加大LEI推广工作力度，增进GLEIF对中国LEI推广应用相关工作的了解，加深中国金融市场机构对LEI应用领域及作用的认识，推进LEI在实际业务领域中的应用，进一步支持中国LEI发码及应用推广。

（三）本地系统（LOU）层面

2019年，我国本地系统的运营及LEI应用推广各项工作迅速推进，取得了突破性的进展，主要体现在以下几个方面。

1. LEI编码赋码情况。 一是截至2019年底，中国LEI系统共维护LEI编码13466个，是2019年全球增长速度最快的国家。二是完成了金融机构编码中银行业存款类与非存款类机构、证券业机构、保险业机构及部分小贷公司的批量赋码。三是中国 LEI 系统已与中国外汇交易中心、上海黄金交易所、中国互联网金融协会、网联清算有限公司、跨境银行间支付清算有限责任公司、中央结算公司 6 家机构开展 LEI 批量赋码试点工作。四是中国 LEI 系统与阿里巴巴旗下平台开展跨境企业客户批量赋码试点工作，已完成首批相关平台机构的赋码。

2. LEI 应用推广工作。 一是开展 LEI 调研走访工作，在金标委组织下，先后调研证监会和外汇局有关部门，银行间市场交易商协会、中国银行、全国统一社会信用代码中心、天津自贸区、苏州工业园区、天眼查、企查查等单位，探讨 LEI 推广方式和应用需求。二是中国金融电子化公司与中国银联、跨境银行间支付清算有限责任公司、中国工商银行、中国银行、中国建设银行、招商银行、江苏自贸区（苏州工业园区）、中金金融认证中心等单位联合开展跨境法人数字化身份识别试点工作，探索 LEI 在跨境法人数字化身份识别中的应用。三是加强 LEI 宣传，在 2019 年 11 月深圳举办的金融展上通过多种形式介绍全球 LEI 体系情况、全球和我国 LEI 应用实施进展、LEI 注册方式及流程等。四是建立 LEI 应用推广月报工作机制，定期向金融管理部门、金融基础设施、行业协会等机构报送 LEI 实施情况。

3. 中国 LEI 系统商业可持续运营研究。 一是及时跟进 GLEIF 对全球 LEI 体系 2.0 的研究及进展，并根据我国实际情况开展中国 LEI 系统可持续运营模式研究。二是对全球主要本地系统运营模式进行研究，为我国本地系统运营模式研究提供经验参考。三是研究以 LEI 服务为基础建设跨境法人信息服务平台，以实现中国 LEI 系统可持续发展。

四、我国参与其他国际标准化组织活动情况

蚂蚁金服积极发挥自身金融科技和国际业务优势，在金融标准国际化工作中取得丰硕的成果。在 2019 年参与了 ISO/IEC JTC1 SC27（信息安全技术分委会）、ITU－T SG17（国际电联安全研究组）和 IEEE（国际电气电子工程师学会）等国际标准组织活动并牵头多项国际标准项目。包括：1 项 ISO/IEC JTC1 SC27 国际标准项目；2 项 ITU－T 国际标准项目；2 项 IEEE 国际标准项目。其中 ITU－T X.1249"移动应用反垃圾广告技术框架"于 2019 年 1 月发布，ITU－T X.1451（X.tfrca）"用于优化身份认证的风险识别"预计 2020 年内正式发布。

中国银联于2013年作为股东成员加入了EMVCo，持续推动EMVCo多项技术在银联的落地工作。中国银联将EMV标准中的3DS、SRC等国际标准进行了导入，并在2019年3月获得了EMV的目录服务器认证，使国内品牌的银行卡产品在网络交易过程中能更好地适应欧洲监管PSD2要求及欧美持卡人的网络支付习惯，使中国标准的银行卡产品走向世界。

第三节 金融标准化国际交流

一、ISO/TC 68 年会参与情况

2019年5月13日至17日，第38届国际标准化组织金融服务技术委员会（ISO/TC 68）年会在法国巴黎召开，金标委组织国内相关人员参会。

会议期间，我国参会代表汇报了主导制定的《金融服务参考数据 银行产品服务描述规范》国际标准提案进展，会议推动制定《第三方支付服务信息系统的安全目的》《轻量级实时消息传输协议（LEIXT）》及《金融服务中基于Web服务的应用程序接口（WAPI）》技术规范。同时组建ISO 20022标准复审意见研究组，组建ISO 8583《产生报文的金融交易卡交换报文规范》与ISO 18245《金融零售业务商户类别代码》标准修订、条码支付安全、移动金融客户身份鉴别技术等工作组，开展相关领域标准编制工作。我国专家成功当选条码支付安全研究组、移动金融服务客户身份鉴别技术研究组和ISO 20022标准复审意见研究组召集人，实质性参与金融国际标准化工作。

一是持续关注重点领域的国际标准化工作。条码支付安全方面。条码支付安全研究组由我国专家担任召集人，该研究组正在开展相关领域的新工作项目提案编制，备受国际同行关注，应重点关注并加强专家实质性参与提案的编写工作。ISO 17442《金融服务 法人识别编码（LEI）》国际标准修订工作方面，该标准与全球LEI体系密切相关，我国目前正在大力推动LEI实施及应用，为进一步探索并扩大LEI的应用领域，应重点跟踪该项标准修订动态，及时提出我国意见。金融科技研究方面。TC 68常设金融科技技术咨询组正在开展数字货币、数字金融护照/数字身份、语义/定义、监管咨询支持、人工智能等领域研究工作。鉴于我国在数字身份、互联网金融监管、人工智能领域有着深入研究和广泛应用，应加强我国专家的参与度，积极地贡献中国智慧。

二是推进国际国内标准一体化进程，统筹国际国内标准化工作。目前，我国金融科技应用水平处于国际领先位置，为进一步规范创新和应用推广，国内主管部门正组织各单位扎实推进金融科技标准制定。国际社会对金融科技标准需求迫切，我国可选取优秀金融科技标准推荐为国际标准研制项目，将国内标准化研制与国际标准化工作紧密结合，相互促进。

三是优化金融国际标准化跟踪研究对口机制。随着我国专家参与国际标准化工作的实践能力逐步增强，应进一步完善金融国际标准化跟踪研究对口工作机制，提高金融机构的参与度，继续培养复合型标准化人才。同时加强专家管理，做好国际重点跟踪领域动态内化分析工作，结合国内金融应用需要与国际动态，做好金融国际标准跟踪研究成果管理及共享工作，提升国际跟踪研究技术水平。

二、ISO/TC 322 会议参与情况

2019 年 3 月 26 日至 28 日，ISO/TC 322 首次会议在英国伦敦召开，金标委组织专家代表团参会。

本次会议上，我国专家分享了中国绿色金融发展情况及与国际合作经验，对 TC 322 的工作范围、未来标准项目、外部联络关系等提出建设性意见，介绍了绿色金融术语、金融机构环境信息披露、绿色私募股权投资基金、绿色债券第三方评估与认证等 4 项标准建议。

会议决定，TC 322 成立主席顾问组（CAG），负责协助主席进行工作协调、规划和指导，推举我国专家担任 CAG 副主席，秘书处由中英双方共同承担；成立可持续金融术语专家组（AHG1），由中方专家担任组长，牵头 TC 322 首个标准项目——可持续金融术语的研究；由中国承办 TC 322 第二次会议。

2019 年 12 月 2 日至 6 日，ISO/TC 322 第二次会议在广东深圳召开。人民银行陈雨露副行长向会议致贺信，代表人民银行向各国代表表示欢迎。市场监管总局、深圳市地方金融监管局、深圳市福田区、中国标准化研究院等单位领导出席会议并致辞。来自中国、英国、日本、德国、瑞士、新加坡、中国香港等国家和地区的 30 余位代表，以及 ISO/TC 68 金融服务、ISO/TC 207 环境管理、ISO/TC 251 资产管理等技术委员会，气候债券倡议组织（CBI）、世界自然基金会（WWF）等外部联络组织的 10 余名代表参会。金标委组

织专家代表团参会。

在本次会议上，我国专家分享了绿色债券信用评级、金融机构环境信息披露、环境权益融资工具、绿色私募股权投资基金等方面的标准化经验和国际标准研制设想，让与会代表更好地了解到我国在绿色金融标准化方面的积极实践与成果。我国专家还参与了主席顾问组（CAG）、术语专家组（AHG1）、可持续金融框架工作组（WG1）等小组会议。

会议决定，由我国专家牵头制定的 ISO/TR 32220《可持续金融 关键术语表》国际标准注册为预工作项目（PWI），拟于 2020 年 7 月发布，实现了我国主导本领域国际标准的新突破；在我国专家的建议下，TC 322 将成立专家组统筹研究未来可持续金融标准化工作的方向和重点，拟于 2020 年 4 月启动该项工作。

此外，本次会议期间还举办了可持续金融国际标准公开研讨会，人民银行金融研究所、深圳市地方金融监管局领导出席会议并作主旨发言，来自国内外政府部门、金融机构、研究机构、第三方金融服务机构和国际组织的 100 余名代表参加会议。各国专家就可持续金融标准的实践及应用案例、可持续金融国际标准的市场需求和有效实施模式等议题进行了分享和交流。通过本次研讨会，各国专家进一步聚焦了 ISO 可持续金融国际标准的工作方向，达成了关于本领域重要国际标准项目的共识，会议对于加快国际标准制定进程，提升我国在 ISO 可持续金融领域的影响力具有重要意义。

三、其他金融标准化国际交流

为提升我国金融业在国际标准化组织中的参与度和影响力，我国积极开展金融标准化国际交流。2019 年 12 月，IEEE 拜访金标委秘书处，就 IEEE 工作机制和金融相关标准化情况、中国金融标准化发展现状进行了交流，并围绕人工智能、区块链、大数据标准化与金融领域融合发展进行了探讨。中国外汇交易中心于 2019 年 9 月 23 日，在伦敦 SIBOS 全球金融年会上提出金融标准倡议，探讨增进与国际标准化组织（ISO）的合作，得到会议主办方 SWIFT 的积极响应。中国互联网金融协会积极推进与英国标准协会（BSI）等国外相关机构交流合作，就《金融机构和金融科技公司合作规范》与 BSI 进行深入沟通。蚂蚁金服派员参与 ISO/IEC、ITU–T、IEEE 会议，进一步推进 ISO/IEC 27553《信息技术 安全技术 移动设备生物特征识别身份认证的安全要求》《移动应用反垃圾广告技术框架》《生物特征识别活体检测规范》等项目进度。

第三章
金融国家标准和行业标准应用

- 《保险术语》国家标准应用
- 《移动金融客户端应用软件安全管理规范》行业标准应用
- 《中国金融集成电路（IC）卡规范》（共14部分）行业标准应用
- 《银行间市场基础数据元》与《银行间市场业务数据交换协议》（共3部分）行业标准应用
- 《证券期货业软件测试规范》行业标准应用
- 《保险电子签名技术应用规范》行业标准应用

第三章　金融国家标准和行业标准应用

金融标准是引领金融高质量发展、助力金融供给侧结构性改革的重要手段，其制定与实施对于实现金融治理能力现代化、服务金融业健康有序发展具有重要意义，围绕保险、证券期货、新兴技术、银行间市场等金融领域，本章选取 7 项金融标准就其应用与推广进行介绍。

第一节　《保险术语》国家标准应用

2018 年 9 月 17 日，《保险术语》（GB/T 36687—2018）金融国家标准正式发布，并于 2019 年 4 月 1 日起正式实施。该标准有助于维护保险消费者权益，提升行业内外合作沟通效率，加强行业风险管控，促进保险业稳健发展。

一、编制背景

2006 年，保险行业发布第一个行业标准即《保险术语》。在实施应用过程中，该标准对保险行业监督管理、保险企业日常经营管理、保险合同契约管理、保险产品开发销售管理、保险服务标准建立和管理等方面起到了非常重要的指导作用，极大地推动了中国保险业健康发展。

随着社会和经济的发展，我国已成为仅次于美国的全球第二大保险市场，保险从高速发展走向高质量健康发展，保险产品作为能够兼顾风险保障和保值增值服务的金融产品，在社会生产、人民生活中发挥着不可替代的作用。社会公众保险知识普及和保险相关行业都需要国家级术语标准来规范和指导。因此，为了支持保险行业发展，在全国范围内推广普及保险术语和进一步完善术语内容，项目组向金标委保险分委会申请了国家标准课题。经国家标准委批准立项后，在原行业标准《保险术语》的基础上历时三年编制审查完成，于 2018 年 9 月正式发布。

二、主要内容

《保险术语》体系框架主要依据国家标准《术语工作原则与方法》（GB/T 10112—1999）的要求，按照"框架稳定、层次分明、内容可不断更新、使用方便、行业领先"

的原则分为三个层次。

第一层采用以保险经营环节为基础与保险专业技术领域相结合的划分方法。"保险产品术语""投保和承保术语""保险合同管理术语""赔偿和给付术语"四个章节按照保险业务流程中各业务环节发生的先后排序。同时，术语将保险业内专业性较强的几个领域单独列出，具体包括"市场和营销术语""保险中介术语""精算术语""再保险术语""保险组织与监管术语"五章。第二层采用"整体—部分"关系，在保险术语第一层次的基础上进行了细分。比如"保险产品术语"中纳入的术语包括财产保险、责任保险、信用保险、保证保险、人寿保险、健康保险等各类保险产品。第三层采用"一般—特殊"关系，在保险术语第二层的基础上进行了细分，比如将核保细化为一般概念、财产保险核保、人身保险核保。

该标准共收纳817项保险专业术语，基本已囊括中国保险业所有领域的基本术语，既包括面向业内人士的专业术语，也包括面向消费者的一般术语，是保险行业内部沟通和外部交流的规范性、通用性语言，是保险业各类标准的基础标准。该标准共有十个章节，包括基础术语、保险产品术语、投保和承保术语、保险合同管理术语、赔偿和给付术语、市场和营销术语、保险中介术语、精算术语、再保险术语、保险组织与监管术语。

基础术语，包括保险产品定义、销售、承保、理赔等销售及服务环节常用的术语。

保险产品术语，包括财产保险、责任保险、信用保险、保证保险、人寿保险、健康保险等产品术语。

投保和承保术语，包括投保、核保、确定保额、计算保费以及最终承保用到的术语，如投保单、保险建议书、逆选择、赔偿限额、保费豁免、标准承保、拒保等。

保险合同管理术语，包括各类保险合同、保险合同的要素、合同的文本、合同管理中用到的专业术语，如特定危险保险合同、保险合同基本条款、保险单、加保、减保等。

赔偿和给付术语，包括各类保险事故、赔付请求、救助、核赔、赔偿和给付，代位追偿中用到的专业术语如意外身故、报案、定损、满期保险金、代位求偿等。

市场和营销术语，包括保险市场和营销管理的专业术语，如保险深度、保险密度、销售渠道、直接销售、间接销售等。

保险中介术语，包括各类保险中介、中介提供的服务、中介合同等专业术语，如保险专业代理机构、保险公估服务、保险经纪合同等。

第三章　金融国家标准和行业标准应用

精算术语，包括寿险产品定价中用到的专业术语，如生命表、损失程度、损失频率等。

再保险术语，包括再保险市场、再保险种类、再保险安排中用到的专业术语，如原保险人、再保险人、非比例再保险、分保比例等。

保险组织和管理术语，包括保险行业管理中用到的各类保险机构、信息披露、监管等专业术语，如保险机构、保险公司分支机构、综合成本率、保险监管机构等。

三、标准推广与应用

该标准已于 2019 年 4 月 1 日起正式实施。为推广该标准应用，保险分委会持续推动各大保险公司通过公司网站开展宣传，在公司业务经营、跨行业沟通交流、保险产品销售和服务的同时，加大《保险术语》国家标准宣传力度，提升社会认知度，使其成为对公众教育普及保险知识的重要内容，帮助消费者更好地理解保险产品、条款和保险机构提供的各项保险服务，保护金融消费者权益。

第二节　《移动金融客户端应用软件安全管理规范》行业标准应用

2019 年 9 月 27 日，《移动金融客户端应用软件安全管理规范》（JR/T 0092—2019）金融行业标准正式发布。该标准有助于提升客户端应用软件安全防护能力，加强金融信息保护，保障金融消费者合法权益。

一、编制背景

2012 年底，人民银行正式发布了中国金融移动支付系列金融行业标准，涵盖了移动金融远程支付、近场支付、可信服务管理、应用安全、检测规范等领域的 35 项标准。根据《关于推动移动金融技术创新健康发展的指导意见》（银发〔2015〕11 号）指引要求以及移动电子商务金融科技服务创新试点工作成果经验，针对新技术、新需求的出现，开展标准的修订升级十分必要。为满足试点工作过程中产生的新需求，确保移动金融技术创新安全可控，本着标准急用先行原则，修订《中国金融移动支付 客户端技术规范》（JR/T 0092—2012），推动形成移动金融产业各方广泛认可和接受的移动支付业务、技术解决方案，为后期新产品的应用、安全等各领域提出规范化要求。

二、主要内容

该标准包括移动金融客户端的安全要求、管理要求和智能语音交互技术。安全要求部分包括身份认证、处理逻辑、安全功能、密码算法、密钥管理以及数据安全等安全技术要求；管理要求部分包括客户端设计、开发、版本发布、维护要求等；智能语音交互技术部分包括应用智能语音交互技术的功能架构、核心能力要求、接口要求以及安全技术要求。

三、标准推广与应用

该标准为推荐性金融行业标准，应在金融机构、移动支付终端设备厂商、收单机构等移动支付环境产业链各相关机构中推广应用，并通过检测认证工作来检查机构对该标准的落实情况。

一是积极开展标准宣贯工作。会同人民银行分支机构、中国银联、商业银行、检测认证机构、设备厂商等单位，以宣讲会、标准培训班、标准研讨会等形式开展宣讲和培训。通过宣传扩大该标准的影响力，营造做标准、用标准的良好氛围。

二是根据《关于推动移动金融技术创新健康发展的指导意见》（银发〔2015〕11号）指引要求，明确移动金融技术创新健康发展的方向性原则，即遵循安全可控原则、秉承便民利民理念、坚持继承式创新发展、注重服务融合发展。通过建立标准和完善移动金融技术创新健康发展的保障措施，指导商业银行和银行卡清算机构积极落实国家网络安全和信息技术安全有关政策，优先采用自主可控的产品及密码算法，加强移动金融账户介质标准符合性管理，增强移动金融安全可控能力，有效保障移动金融应用流程的安全性；按照标准的要求加快构建安全可信基础环境，发挥检测认证的质量保障作用，推动标准落地实施，切实保障客户资金和信息安全。通过实施该标准，积极促进我国移动金融技术创新健康发展，加快移动金融在公共服务、电子商务等领域的广泛应用，有效满足社会大众对安全便捷金融服务的需求，对提升我国普惠金融发展水平具有重要意义。

根据标准的要求，按照"增量标配，存量加快改造"的工作思路，突出重点、点面结合，有计划、有步骤地推进，加快移动支付受理终端部署和功能改造，对已不具备改造条件或不符合金融行业标准的老旧终端，应加快更新淘汰。同时加快推动移动支付受理流程优化，积极推动可信服务管理（TSM）系统建设。

三是根据标准的要求，对相关机构布放的移动支付受理终端开展抽查，重点内容包括：个人信息保护、交易安全、软硬件安全等终端安全要求；受理能力、非接交易功能流程完备性、用户体验和产品质量等终端标准符合性要求；非接改造、流程优化等工作进度要求。

第三节 《中国金融集成电路（IC）卡规范》（共14部分）行业标准应用

2018年11月28日，《中国金融集成电路（IC）卡规范》（JR/T 0025—2018）金融行业标准修订发布。该标准在原《中国金融集成电路（IC）卡规范》（JR/T 0025—2013）系列标准的基础上归纳总结了标准整体架构及分层关系，加强了金融IC卡在个人信息保护和资金安全方面的防范能力，有利于金融IC卡更好地满足"互联网＋"时代下银行卡应用可持续发展的需要，为我国银行卡产业奠定重要的技术基础，促进金融领域健康发展。

一、编制背景

为推动《中华人民共和国网络安全法》落地实施，满足社会公众对安全、快捷、多元化支付工具的创新需求，提升金融IC卡标准的层次性、灵活性和可扩展性，促进银行卡产业健康可持续发展，人民银行科技司结合金融IC卡标准在实际市场中的应用需求，组织修订《中国金融集成电路（IC）卡规范》（JR/T 0025—2018）。

二、主要内容

该标准共分为14个部分，整体架构由应用、安全和通信三个层次内容组成。

一是功能应用层。主要对借记/贷记应用卡片和终端之间的处理技术要求进行描述，包括交易流程、指令集、数据元等，全面覆盖线上线下支付应用方式。**二是安全管理层**。主要对借记/贷记应用的安全功能要求进行描述，包括安全机制、加密算法、密钥管理等，在实现安全功能以及实现金融交易的过程中支持 SM 系列算法，包括但不限于《信息安全技术 SM2 椭圆曲线公钥密码算法》（GB/T 32918—2016）规定的 SM2 算法、《信息安全技术 SM3 密码杂凑算法》（GB/T 32905—2016）规定的 SM3 算法、《信息安全技术 SM4 分组密码算法》（GB/T 32907—2016）规定的 SM4 算法。**三是通信抽象层**。主要对通信层信息交互模式、握手方式、通信传输方式及链路方式等进行统一要求，支持 13.56MHz 近场通信协议，同时为将来其他通信技术的扩展预留支持空间。

（一）**总则**。即第 1 部分《总则》，该部分描述了规范整体技术架构、基本特点以及整套规范中各个部分之间的关系和主要内容。

（二）**功能应用层**。包括第 4 部分《借记/贷记应用规范》、第 5 部分《借记/贷记应用卡片规范》、第 6 部分《借记/贷记应用终端规范》、第 10 部分《借记/贷记应用个人化指南》、第 12 部分《非接触式 IC 卡支付规范》、第 13 部分《基于借记/贷记应用的小额支付规范》、第 14 部分《非接触式 IC 卡小额支付扩展应用》、第 15 部分《电子现金双币支付应用规范》、第 16 部分《IC 卡互联网终端规范》、第 18 部分《基于安全芯片的线上支付技术规范》，共 10 个部分。

（三）**安全管理层**。包括第 7 部分《借记/贷记应用安全规范》。

（四）**通信抽象层**。包括第 3 部分《与应用无关的 IC 卡与终端接口规范》和第 8 部分《与应用无关的非接触式规范》两个部分。

三、标准推广与应用

加强联机脱机数据认证（ODA）在公共交通领域应用推广。该标准增加了联机 ODA 功能。联机 ODA 具有交易速度快、无须终端联网的特点，通过与小额双免相结合，形成了目前在公共交通领域推广的双通道方案。双通道方案广泛应用于公交地铁乘车支付场景，以小额双免为主，在联机环境下完成交易授权；同时辅以联机 ODA，当终端在网络较差或断网情况下，仍能有效保障用户正常支付。截至 2019 年底，已有超过 1000 个市县的公交、近 20 个城市的地铁支持银行卡、移动支付设备闪付过闸，全年交易量超 9

亿笔。

积极推动支付标记化创新技术应用。为推动移动支付业务发展，满足响应移动支付在移动互联网下市场发展需求，该标准中增加了支付标记化（Token）创新技术。截至2019年底，支付标记化技术已在线上支付、手机闪付、无感支付等业务场景中得到广泛应用，银联累计发行Token5.05亿个，累计消费交易超过18亿笔，已接入Token的申请方超过3400个，其中银行超过100家。2019年组织7家银行、5家商户开展Token2.0金融科技试点工作，实施手机银行Token推送、集中管控和快捷支付，带来了更加安全便捷的支付体验。

第四节 《银行间市场基础数据元》与《银行间市场业务数据交换协议》（共3部分）行业标准应用

2019年1月8日，《银行间市场基础数据元》（JR/T 0065—2019）和《银行间市场业务数据交换协议》（JR/T 0066—2019共3部分，又称IMIX协议）金融行业标准正式发布。该标准能够满足中国银行间市场业务快速发展的需要，为国内金融市场和产品不断创新发展提供稳健的支撑。

一、编制背景

此前，中国外汇交易中心暨全国银行间同业拆借中心（以下简称交易中心）先后制定并发布了《银行间市场基础数据元》（JR/T 0065—2011）、《银行间市场业务数据交换协议》（JR/T 0066—2011）、《银行间市场数据接口标准》（JR/T 0078—2014）三项金融行业标准。依托于自主研发的统一业务数据交换平台，上述三项标准在银行间市场得到了广泛应用，用户数逐年增加，应用业务领域逐年拓宽。IMIX协议基础设施运行稳定、性能良好。

随着银行间市场业务迅速发展，《银行间市场基础数据元》和《银行间市场业务数据交换协议》2011年版本发布后，银行间市场业务又增加了交易后确认、报价上行、事前控制、现券RFQ、质押券替换、预发行、外汇期权、同业存单发行、新增基准曲线、货币经纪公司数据接入、增值服务等；同时，随着市场成员系统信息化程度的提高，对相关金融标准基础提出了更高的要求，如需要分离业务协议与会话协议、新增适流压缩传输规范等。

因此，为积极响应市场需求、更好地服务银行间市场，交易中心牵头组建标准编制工作组，启动了《银行间市场基础数据元》和《银行间市场业务数据交换协议》的标准修订工作，并于2019年1月由人民银行发布实施。

二、主要内容

《银行间市场基础数据元》（JR/T 0065—2019）规定了银行间市场业务活动中涉及的银行间市场系统数据元的标记、名称、说明及相关内容。标准适用于银行间市场业务活动中涉及银行间市场系统主要业务流程的数据表达、交换、共享和应用。

《银行间市场业务数据交换协议》主要分为会话层、应用层、适流表示层三个部分。会话层抽象归纳了现有银行间市场业务系统 IMIX 会话机制，适应国际技术发展，增加区块链扩展应用说明。应用层归纳了交易前、交易中、交易后以及基础数据业务范围。适流表示层定义规定了银行间市场参与方基于会话层和应用层的银行间市场成员交互数据进行适流压缩的协议（简称 IMAST 协议）和适流表示层的编解码语法。

《银行间市场业务数据交换协议 第1部分：语法、结构与会话层》（JR/T 0066.1—2019）规定了银行间市场参与方之间进行银行间交易所需的会话层通信协议，包括报文语法与结构、会话可靠传输规范、会话管理规范、会话类报文与组件等。本部分适用于银行间市场参与方之间的基础会话通信数据交换。

《银行间市场业务数据交换协议 第2部分：应用层》（JR/T 0066.2—2019）规定了银行间市场参与方之间进行银行间交易所需的数据交换协议，包括报文定义、域字典等。本部分适用于外汇市场、货币市场和衍生品市场的前、中、后台以及债券市场的前、中台，不含债券市场的后台清算、结算部分。

《银行间市场业务数据交换协议 第3部分：适流表示层》（JR/T 0066.3—2019）规定了 IMAST 协议的结构和语法，是对基于会话层和应用层的银行间市场成员交互数据进行适流压缩的协议。本部分适用于外汇市场、货币市场和衍生品市场的前、中、后台以及债券市场的前、中台，不含债券市场的后台清算、结算部分。

三、标准推广与应用

依托自主研发的统一业务数据交换平台，《银行间市场基础数据元》《银行间市场业务数据交换协议》等标准在银行间市场得到了广泛应用，其中交易终端用户数达20000余个，直接使用 IMIX 协议接口的用户达 500 余家，为银行间市场交易前、交易中、交易后、报价上行、事前控制、现券 RFQ、质押券替换、预发行、外汇期权、同业存单发行、新增基准曲线、货币经纪公司数据接入、增值服务等业务和产品提供了规范和支持。

此次《银行间市场基础数据元》《银行间市场业务数据交换协议》标准的修订与发布在银行间金融市场标准化建设的蓝图上再添一笔。未来，交易中心仍会积极跟进技术、业务变动形势，提高相关标准的适配性、完善性，制定金融行业指导标准，健全我国金融行业标准体系，为银行间市场的高度互联互通提供强有力的支撑。

第五节 《证券期货业软件测试规范》行业标准应用

2019 年 9 月 30 日，《证券期货业软件测试规范》金融行业标准正式发布并实施。该标准的发布不仅实现了证券期货行业软件测试规范的零突破，也对提升行业软件测试标准化水平、提高行业测试专业化能力、保障全行业信息系统安全工作起到了积极作用。

一、编制背景

近年来，随着资本市场的蓬勃发展和金融科技水平的日新月异，证券期货行业对信息系统测试质量要求日益提高，软件测试标准化建设工作势在必行，一是《证券期货业技术管理标准规划（2015 年版）》（以下简称《规划》）充分体现了证监会对证券期货业标准化工作的高度重视，提高证券期货业标准化水平可有效降低信息系统运行风险，进而推动证券期货业的可持续性健康发展；二是从对国际、国家及行业标准的调查中发现，不仅软件测试相关标准较少，而且证券期货业也没有相应的测试规范和标准，而证券期货业本身涉及真金白银的实时交易操作，对信息系统的质量要求极为严格，因此亟须出台一个业内适用的软件测试规范，弥补此项空白；三是证券期货业各机构管理方式和要求的差异及软件测试规范化程度和专业化能力的不同，使业内信息系统质量参差不齐，而统一的测试流程、内容及方法，将极大地提升业内信息系统建设效率和效果。

为顺应证券期货业需求、加快测试提质增效，使证券期货业测试各方职责更加清晰、工作过程更加规范，制定《证券期货业软件测试规范》金融行业标准就显得十分迫切和必要。

按照《规划》的指引，2015年成立证券期货业软件测试规范标准起草小组，经过深入的调查研究、持续的专家咨询、广泛地征求意见，最后形成了本测试规范的具体内容。

二、主要内容

测试规范主要包含三个标准化、一个规范化，即测试过程标准化、测试活动标准化、测试管理标准化和测试成果规范化，归纳总结为五大主要内容：规范了测试工作过程、明晰了各方职责范围、梳理了测试工作内容、明确了准入准出要求、提供了测试相关财富。

规范测试工作过程方面，结合证券期货业特点及项目优秀实践，明确五大测试阶段工作要求，一是强化了测试估计和测试计划的必要性，在测试工作开始前充分评估和计划，有利于测试工作开展章法有度；二是强调了测试需求分析的独立性，鼓励测试团队在需求阶段参与需求讨论，着手分析测试需求，并根据分析结果设计测试用例，有利于测试尽早介入，尽早发现缺陷，降低缺陷修复成本；三是建立起测试执行留痕的常态化机制，强化测试过程管控；四是推动了测试总结的持续性，全面分析测试过程和结果，做好测试财富的总结和积累，不断优化测试过程和方法，强化测试过程持续改进。另外在测试管理方面，重点强调了与测试工作紧密相关的四个关键项目管理域：质量、进度、资源和风险，从规范测试过程管理角度保障证券期货业高质量的要求。

明晰各方职责范围方面，从证券期货业机构职责和项目团队职责两个角度规范，一是优化各机构的测试职责范围，依据机构角色及产品来源制定适用于特定项目的测试总体策略，以指导机构履行职责、把控软件质量；二是完善项目实施过程中各团队的职责，确保各团队协作顺畅、为达成最终项目质量目标而努力。

梳理测试工作内容方面，通过建立四类测试内容、十大测试类型与五大测试级别的关系矩阵，厘清测试总体策略的编制思路，为业内机构落地实施测试工作提供指导原则。一是按照证监会信息中心在重大系统切换上线时的测试要求划分为基础架构、应用软件、业务规则和上线运维四大类测试内容；二是基于证监会提出的八大测试类型补充具有证券期货业特点的联网测试和选型测试，形成十大测试类型（见图3-1）；三是在业内四大测试级别基础上增加系统集成测试形成五大测试级别，系统集成测试是集成测试的一个子类，发生在系统测试之后，主要关注系统间数据传输和数据流的连续性；四是将上述测试工作内容梳理形成两张矩阵表（见图3-2），便于各机构判断在什么测试级别上开展哪些测试类型的测试工作，确保项目测试工作充足且有序。

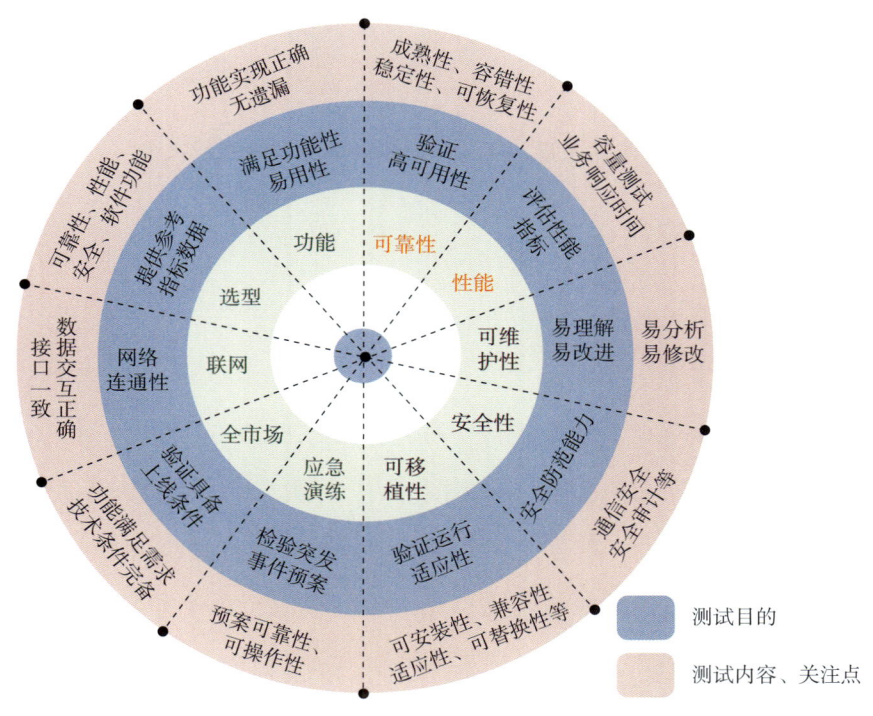

图3-1 十大测试类型

明确准入准出要求方面，考虑业界机构情况不尽相同，除完善了按照测试级别相关要求外，还增加了对测试类型和业务分类的准入准出要求，便于业界机构在保证满足准入准出要求的前提下，量身打造具体的实施策略，在不增加测试负担和工作量的情况下，保证测试结果度量有据可依、软件质量是否满足上线条件有章可循。

提供测试相关财富方面，总结业界优秀实践，凝练成具有证券期货业特点的模板，方便辅助各机构快速规范测试工作；提供了评审工作的具体要求、静态测试的技术要求及业界通用的一些测试设计方法等。通过经验的共享及复用，为证券期货业测试工作提供成功经验，巩固劳动成果。

测试内容与测试类型的对应关系

类别	内容	测试类型									
		功能测试	性能测试	可靠性测试	安全性测试	可移植性测试	可维护性测试	应急演练	联网测试	全市场测试	选型测试
基础架构	通信线路	○	○	○	○					○	○
	网络结构	○	○	○	○						○
	主机硬件	○	○	○	○	○	○				○
	操作系统及编译环境	○	○	○	○	○	○				○
	存储设备	○	○	○	○	○	○				○
	灾备架构	○	○	○			○	○			○
应用软件	数据交换接口	○	○	○	○				○	○	○
	数据存储方式	○	○	○	○						○
	应用程序	○	○	○	○	○	○				○
	数据库等第三方应用	○	○	○	○	○	○				○
业务规则	根据实际业务	○								○	
上线运维	上线步骤						○	○		○	
	应急方案						○	○			
	数据迁移	○						○		○	
	运维管理						○	○		○	

测试级别与测试类型的对应关系

测试类型	测试级别				
	单元测试	集成测试	系统测试	系统集成测试	验收测试
功能测试	○	○	○	○	○
性能测试	○	○	○		○
可靠性测试	○	○	○		○
安全性测试	○		○		○
可移植性测试			○		○
可维护性测试			○		○
应急演练			○		○
联网测试				○	○
全市场测试	验收测试完成后，进入上线准备阶段，应和系统的关联方进行全市场测试。				
造型测试	在采购前期完成采购过程中实施，不对应任何测试级别。				

图 3－2　测试内容、测试级别和测试类型的对应关系

三、标准推广与应用

本测试规范主要有两大特点，一是符合国家和行业的现行标准和体系，如测试流程和测试级别等主体内容来源于国家标准《计算机软件测试规范》（GB/T 15532—2008）、测试技术和测试方法等参考《系统与软件工程》（GB/T 25000—2016）和《资本市场交易结算系统核心技术指标》（JR/T 0145—2016）；在管理方面，特别参考了 CMMI 成熟度管理体系及 17025 国家实验室体系等；在实践经验方面，融会贯通了 IT 行业信息技术的测试优秀实践。二是突出证券期货业特点、贴近实际情况、易于推广实施，首先甄别业内机构的角色定位和产品来源，然后依据客户需求、系统分类及图 3－2 矩阵关系制定总体策略，最后依据相关管理要求进行具体实施工作，这样就可以把本测试规范真正落地到实际测试工作中。

本测试规范解决了 3W 的问题，即何人（Who）、何时（When）、做何事（What）。目前正在推进编写软件安全测试指南，即解决如何做的问题（How），未来可以聚集行业力量、配合证券分委会共同建设其他测试指南，如功能测试指南、性能测试指南等行业测试工作、测试规范将在证监会和证券分委会的领导下，深入推进、继续完善，为证券期货业信息系统建设提供质量保障准绳。

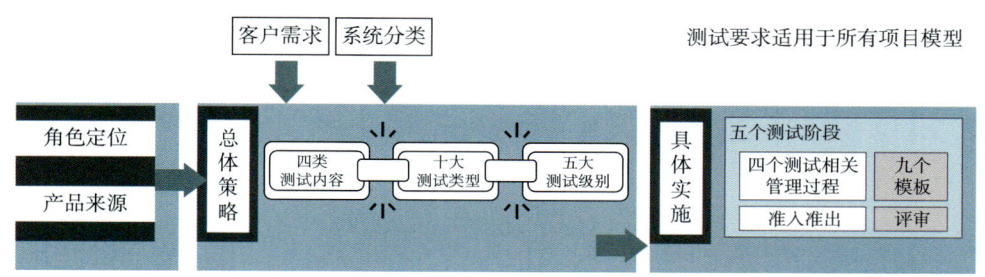

图 3-3 落地实施流程

第六节 《保险电子签名技术应用规范》行业标准应用

2018年4月25日，《保险电子签名技术应用规范》（JR/T 0161—2018）金融行业标准正式发布。该标准有利于保险业提升竞争力，助推业务创新，加强风险管理，保护消费者权益，提升信息化水平。

一、编制背景

随着以互联网为代表的新技术加速发展，现代信息技术逐渐成为影响企业发展和市场竞争的重要力量。科技进步催生商业变革，移动化、无纸化、在线化的新型保险营销模式逐渐兴起，形成了基于电子签名支撑的电子投保、电子保单、电子理赔、电子保全等一系列电子化业务模式。

保险电子签名替代传统的纸质手写签字或盖章，需要遵循国家的相关法律法规、政策规范、技术标准。前期，在国内保险行业，尚未有统一的标准化规范来指导保险电子签名平台的建设。因此，在保险分委会的指导下，中国太平洋人寿保险股份有限公司牵头起草了《保险电子签名技术应用规范》（JR/T 0161—2018）。

二、主要内容

该标准是保险行业标准化建设中关于保险合同交易规范性的一项基础性内容。旨在帮助行业和客户在日益增多的保险电子商务中确保与保险合同相关的电子签名的长期安全性、可靠性和便利性。同时，当被授权的文件在不同信息技术系统间传输和加工时，依据该技术规定可确保电子签名的互操作性。

该标准基于对国内外保险行业和其他相关行业电子签名发展与应用情况的调研，重点研究国内保险行业电子签名应用的现状、面临的主要问题和发展趋势，总结国内基于可靠电子签名技术的保险行业电子签名应用的业务模式和技术架构，规定了保险电子签名技术应用中应遵循的技术要求、系统管理要求和应用要求。适用于我国保险行业相关机构承保、核保、保全、理赔、调查等涉及保险电子单据签名的业务活动。

保险电子签名系统技术要求，包括保险电子签名应用技术框架，由业务支撑层、密码功能层和基础设施层构成：保险业务支撑层，涉及保险业务应用层产生的各种保险电子单据及其主要管理过程，包括保险电子单据的产生、传递、验证、存储等环节，通过调用密码功能层实现安全的保险电子单据管理；密码功能层是处在基础设施层和保险业务支撑层之间的中间层，为业务支撑层提供相关的密码服务功能以保障保险电子单据的安全；基础设施层采用第三方证书认证机构为保险业务应用提供电子认证服务。

保险电子签名系统管理要求，包括可用时间、数据保护、环境及设备安全及日常评估。其中，环境及设备安全包括物理环境安全、网络设计安全、密码设备安全。

保险电子签名的应用要求，包括应用原则、应用涉及方、应用方式、纠纷处理等。保险公司或其授权的机构/人员应首先确认签字客户的身份，在客户查看并确认保险公司提供的保险电子单据信息后，应向其提供使用国家密码主管部门认证核准的签名设备或签名控件，供客户签名或签章。签名人包括但不限于自然人，签名形式包括但不限于手写笔迹签名，签名设备包括但不限于PAD、手写屏、手写板等。带有签名内容的保险电子单据应进行电子签名认证，并加盖时间戳，生成最终带有签名的保险电子单据。

三、标准推广与应用

该标准的推广，对保险业移动化、无纸化、在线化的商业模式创新具有重要意义和显著作用，可规范电子投保、电子保单、电子理赔、电子保全等一系列与保险合同效力有关的保单全生命周期电子化业务模式，指引保险公司合法、合规、安全地开展业务，保护保险人和投保人等各方的合法权益。

　　此外，基于该标准建立的保险电子签名平台，将为保险业务构建安全可信的身份、行为、内容的网络信任体系，有助于支撑我国保险业务模式的不断创新，也为保险业务互联网化、业务远程化奠定了良好的基础。

第四章
金融团体标准和企业标准应用

- 《条码支付受理终端检测规范》及《条码支付移动客户端软件检测规范》团体标准应用
- 《金融自助设备运维服务规范》团体标准应用
- 《江苏银行网上银行服务规范》企业标准应用
- 《盛京银行营业网点服务基本要求》企业标准应用
- 福建联迪《支付受理终端》和《销售点终端》企业标准应用

第四章 金融团体标准和企业标准应用

近年来，行业协会等团体组织持续加强金融标准研制工作，将标准作为管理、协调工作的重要手段。金融机构及相关企业积极拥抱金融标准化，开展标准化建设，提升市场竞争力。本章重点选取了行业协会、2019 年度金融领域企业标准"领跑者"代表企业等的标准化建设实践，多角度展现社会团体及企业的标准化成果，为下一步推进标准化工作提供借鉴。

第一节 《条码支付受理终端检测规范》及《条码支付移动客户端软件检测规范》团体标准应用

2019 年 1 月 22 日，《条码支付受理终端检测规范》（T/PCAC 0005—2019）及《条码支付移动客户端软件检测规范》（T/PCAC 0006—2019）金融团体标准由中国支付清算协会正式发布。两项标准加强了支付技术产品检测认证工作的自律管理。

一、编制背景

为落实《中国人民银行 国家认证认可监督管理委员会关于加强支付技术产品标准实施与安全管理的通知》（银发〔2017〕208 号）要求，中国支付清算协会组织编写工作组，基于前期工作基础，根据《中国人民银行办公厅关于加强条码支付安全管理的通知》（银办发〔2017〕242 号）中的《条码支付安全技术规范》和《条码支付受理终端技术规范》内容规定，经过多轮的讨论和修改，最终形成《条码支付受理终端检测规范》（T/PCAC 0005—2019）及《条码支付移动客户端软件检测规范》（T/PCAC 0006—2019），并于 2019 年 1 月正式向会员单位发布实施。

二、主要内容

《条码支付受理终端检测规范》包含显码设备技术检测、扫码设备技术检测、逻辑安全要求、交易安全要求、适应性技术检测和可靠性技术检测 6 个方面。显码设备技术检测主要包括：数据（正确性、规范性）测试、表现形式（外形、介质、颜色、精度、背光亮度）和条码生成等；扫码设备技术检测主要包括：数据（准确性、规范性）测试和性能（精度、识读速度、出错率）测试等；逻辑安全要求主要包括：自检、逻辑异常、固件认证和更新、随机数、加密算法要求、密钥管理、唯一标识要求和操作系统安全要求等；交易安全要求主要包括：码制、数据传输安全、交易验证与信息确认和交易报文安全要求等；适应性技术检测主要包括：电源适应能力、接口和环境适应性等；可靠性技术检测为对受理终端的 M1 值（MTBF 的不可接收值）进行测试。

《条码支付移动客户端软件检测规范》内容包含移动终端安全检测、交易安全检测和兼容性测试三个方面。移动终端安全检测主要包括：人机交互安全、客户端软件安全和通信安全等；交易安全主要包括：基本要求、码制、数据录入、数据访问、数据存储、数据传输、条码生成、条码识读与解析、交易验证与确认、交易风险控制和交易过程安全等；兼容性测试主要包括：显码精度、背光亮度和移动终端兼容性等。

三、标准推广与应用

检测规范规定了条码支付受理终端和条码支付移动客户端软件的检测内容和工作流程，保证了检测的质量，指导专业化检测机构按要求进行检测工作，有利于提高条码支付受理终端和条码支付移动客户端软件的通用性和安全性，提升产品质量、促进行业可持续发展。

2019 年 10 月，人民银行、市场监管总局联合发布公告，将金融科技产品纳入国家统一推行的认证体系，首批纳入《金融科技产品认证目录（第一批）》的产品有 11 类，包括银行自动柜员机终端（ATM）、支付销售点终端（POS）、条码支付受理终端（含显码设备、扫码设备）等，进一步促进标准落地实施及推广应用。

第二节 《金融自助设备运维服务规范》团体标准应用

2019 年 9 月 24 日，《金融自助设备运维服务规范》（T/GDJR 001—2019）金融团体标准由广东省金融科技学会正式发布。该标准提升了粤港澳地区金融自助设备的运维服务质量，推动了金融服务设备运维工作向规范化、标准化发展。

一、编制背景

我国已成为全球最大的金融自助设备市场，国家对金融自助设备行业的安全运维以及服务质量给予了高度关注。粤港澳三地作为全国经济金融活动最为活跃的地区之一，金融自助设备数量众多，遍布各银行营业网点和各类公共服务场所。随着布放量的不断增加，设备运营、维护、管理难度也随之增大，如何在保持金融自助设备业务快速增长的同时，确保设备持续高效运转、运维服务质量不断提高成为一个难题。此外，随着粤港澳大湾区建设的不断推进，三地间金融互动增加、居民往来频密，金融基础设施的互联互通、金融自助设备的运维服务管理也需要标准来进行规范。

为了加强银行对金融自助设备规范化管理，维护服务需求方合法权益，促进粤港澳金融自助设备行业健康发展，广东省金融科技学会广泛征求各方意见，组织对现有金融自助设备运维服务指标和技术方法进行讨论筛选，在协商一致的基础上制定并发布了该标准。

二、主要内容

该标准包括范围、规范性引用文件、术语和定义、一般要求、服务质量要求、服务内容、服务流程、服务安全、评价与改进以及附录等 10 个部分，适用于金融自助设备的运维服务及评价。主要参考和引用的标准是现行有效的金融自助设备运维服务相关的国家或行业标准。

该标准从服务机构、服务人员、设备备件三个方面对金融自助设备运维服务提出了 15 项一般要求，并对服务提供方范围进行界定。在服务质量方面，对金融自助设备运维服务过程中的 6 项指标内容提出了详细要求。该标准还规定了金融自助设施运维服务的具体内容，对维修服务、安装服务等 8 项内容提出要求。在服务流程方面，规定了服务发起、现场服务、服务需求方回访、问题收集、信息归档等内容。在服务安全方面，规定了基本要求、信息安全、保密安全等共 19 项指标。该标准还对服务过程中的评价与改进提出要求，规定了持续改进、服务监督等内容。

三、标准推广与应用

该标准由中国支付清算协会、广东金融科技学会等 4 个社会团体，粤港澳三地 17 家商业银行、7家金融服务提供商、2家科研院所共同参与研制。作为粤港澳大湾区首个金融团体标准，该标准自发布以来得到了粤港澳地区各金融机构和相关企业的关注和响应。为保证标准的落地实施，广东金融科技学会围绕《金融自助设备运维服务规范》的具体内容和要求组织相关会员单位和参照该标准的金融机构开展宣讲培训，推动金融机构严格遵循该标准。

下一步，广东金融科技学会将开展标准实施情况的跟踪调查，及时掌握推广情况，推进标准实施。

第三节 《江苏银行网上银行服务规范》企业标准应用

2019年7月15日，《江苏银行网上银行服务规范》（Q/JSB 0001—2019）企业标准由江苏银行正式发布。该标准规范了江苏银行网上银行服务，提升了该行网上银行业务的服务能力和客户体验满意度。

一、编制背景

近年来，江苏银行致力于应用互联网大数据推动自身发展，网上银行客户达700多万，交易量超万亿笔，活跃用户量列城商行第一。在互联网业务快速发展过程中，客户对金融服务的期待值和满意度标准不断提高，技术革新对系统安全性和可靠性挑战不断增大，各网上银行渠道对服务协同性和体验度要求不断加强，因此服务标准化和规范化的要求日渐迫切。鉴于此，为进一步提升网上银行整体服务能力，推动网上银行服务高质量发展，江苏银行制定了适合自身网上银行发展需要的服务标准，对网上银行的服务功能、产品创新、信息安全、客户体验、客服质量、系统运维、服务保障和业务流程设计等方面进行规范和指导。

二、主要内容

江苏银行在《银行业客户服务中心基本要求》（GB/T 32315—2015）、《信息安全技术 个人信息安全规范》（GB/T 35273—2017）、《网上银行系统信息安全通用规范》（JR/T

0068—2012)、《金融行业信息系统信息安全等级保护实施指引》（JR/T 0071—2012）等相关标准的基础上，制定了《江苏银行网上银行服务规范》企业标准。该标准兼顾了现行的国家标准、行业标准，涉及个人手机银行、个人网上银行、企业手机银行、企业网上银行4个渠道，内容主要包括服务安全性、客服体验、创新及前瞻性、实施保障4个方面。

对客户端、网络通信、服务器端、业务运行等的基本安全及简单、复杂和特殊场景下的增强身份认证等安全管理要求进行了规范。对系统服务时间、系统可用率等业务连续性指标及电话客服平均响应时间、客服接通率等服务响应指标进行了量化。对为个人、企业提供的服务功能及易用性、舒适性、便捷性等服务性能进行了规定。对场景化、智能化、线上化等业务创新及云计算、大数据、人工智能等技术应用创新进行了预测。对部门职责、人员配置等组织架构及业务管理、技术管理、宣传培训等管理制度进行了明确。

三、标准推广与应用

2019年，江苏银行将该标准在全国企业标准信息公共服务平台公开，明确了网上银行各渠道各类服务的功能指标和技术保障能力指标，并全面推动该标准实施：一是通过内外部多渠道宣贯网上银行服务标准，扩大受众范围，并开展企业标准化培训，组织网上银行业务相关人员认真学习标准内容，在网上银行的产品设计研发、测试投产、生产运营、业务管理及运维保障等环节开展对标，严格遵守和落实标准要求，并进行督促检查，确保标准执行取得成效；二是不断推进系统平台的标准化、统一化，打造企业级系统服务能力，夯实技术支撑平台基础，加强信息系统的安全管理和应急处置能力，提高系统的稳定性和可用性，提升业务连续性水平；三是通过规范对大数据、人工智能、云计算、生物识别等新技术的应用，不断完善前中后台风控体系，充分发挥网上银行多渠道业务协同办理优势，为客户提供更完善、更便捷、更智能的网上银行服务，提升客户使用体验度和满意度。

下一步，江苏银行将继续完善和修订网上银行服务标准，深化同业交流，取长补短，不断提高网上银行服务标准的全面性、有效性和前瞻性。充分发挥标准在网上银行业务发展及技术应用方面的规范引领作用，持续改善用户体验、提升服务效能，为客户提供更优质、安全、高效的金融服务。

第四节 《盛京银行营业网点服务基本要求》企业标准应用

2019年7月15日,《盛京银行营业网点服务基本要求》(Q/210103 SJB 001—2019)企业标准由盛京银行正式发布。该标准进一步强化了盛京银行营业网点对客户的综合服务能力。

一、编制背景

在当下银行业竞争日趋加剧、产品日趋同质的环境下,如何打造持续、高效、优质、特色的客户服务模式和感受体验,从而被客户所认同,已然成为银行业必争的战略要地。基于上述情况,盛京银行制定并发布了《盛京银行营业网点服务基本要求》,力求通过标准的实施,在全行范围内灌输先进的服务理念、提供一流的服务体验、构建个性化的服务特色、执行高超的服务艺术,最终获得客户认同,更精确地为客户提供高质量服务。

二、主要内容

盛京银行根据《银行营业网点服务基本要求》(GB/T 32320—2015)、《银行营业网点服务评价准则》(GB/T 32318—2015)、《金融消费投诉统计分类及编码 银行业金融机构》(JR/T 0169—2018)、《银行无障碍环境建设标准》(T/CBA 202—2018)等相关标准,结合《盛京银行营业网点服务管理规范》的相关要求,制定了《盛京银行营业网点服务基本要求》。

该标准的主要内容包括服务要求、客户满意度、业务差错管理、创新功能、实施要求五大模块。一是明确服务基本管理要求,增设自助设备,倡导分区服务、弹性服务,重视服务细节,加强投诉管理,提升服务供给能力;二是进一步掌握客户对产品和服务的了解程度及满意度情况,构建"评价、分析、改进"的流程闭环,有效提升客户服务体验;三是有效识别、分析、评估、监测、缓释、控制和报告核算业务操作风险,规范业务的操作流程,完善非现场监督工作机制,提高业务受理能力;四是致力民生关爱,为客户提供必要的服务设施和服务内容，开展常态化金融知识普及工作，逐步提高客户金融风险识别能力，彰显品牌示范效用；五是重视宣传、培训、监督等基础工作，提升综合服务能力，向品质化、人性化、规范化的服务目标持续推进。

三、标准推广与应用

2019年，盛京银行正式发布《盛京银行营业网点服务基本要求》，并于同期开展全行内教育指导工作，深入贯彻执行。该标准一经实施便得到全行营业网点及员工的积极响应，不仅能够严格执行标准所规定的各项内容，还可以因地制宜地加以优化和完善。

截至2019年底，盛京银行投放在用自助设备累计1802台，较年初增加395台；柜面交易替代率提升至80.87%，较年初增长24.12%，充分展现了盛京银行业务处理能力的快速提升，有效减少了客户的等候时间，提升了营业网点的服务效率和客户满意度。

下一步，盛京银行将坚持以提升客户体验、满足客户需求为出发点，以制度改革、模式创新为着力点，强化服务工作的思想意识建设、体制机制优化、能力水平提升、产品功能升级、网络设施规划，为打造综合性、多元化、高品质同类领先的服务构筑发展动力。

第五节　福建联迪《支付受理终端》和《销售点终端》企业标准应用

2019年，福建联迪商用设备有限公司发布《支付受理终端》（Q/FJLD 001—2019）和《销售点终端》（Q/FJLD 013—2019）企业标准。该两项标准规范了联迪企业销售点终端和支付受理终端技术要求、实验方法和检测规则，提供终端产品设计的技术指标依据，有助于推进企业终端验证的顺利实施，增强产品和服务竞争力。

一、编制背景

随着销售点终端和支付受理终端的支付形态不断发展，对终端所采用的新技术及其可靠性的要求不断提高，原有的企业标准无法涵盖新型的智能POS终端和条码支付终端最新的一些特性指标。伴随"一带一路"倡议的推进，我国支付终端正逐步迈向全球市场。在这种大环境下，编制更具竞争力的销售点终端标准和条码支付受理终端标准显得尤为重要。

二、主要内容

福建联迪依据《计算机通用规范 第1部分：台式微型计算机》（GB/T 9813.1—2016）、《银行卡销售点（POS）终端技术规范》（JR/T 0001—2016）等相关国家和行业标准，结合企业自身情况制定了《销售点终端》和《支付受理终端》企业标准，规定了销售点终端产品和支付受理终端产品的产品型号命名、技术要求、试验方法、检测规则和标志、包装、运输、贮存、使用说明书的通用要求。标准的制定为产品质量的设计、测试等各个环节提供了参考依据。

产品型号命名包括普通类和防爆类两种命名要求。

技术要求包括：主要设计要求，如硬件要求、POS入网技术要求、软件要求、POS终端安全要求和中文信息处理要求，以及外观和结构要求、安全、防爆、噪声、电磁兼容性、防雷击、环境适应性、抗跌落能力、可靠性和有害物质限制使用等相关终端设计指标要求。

试验方法包括：试验环境条件、外观和结构检查、功能和性能检查、安全试验、终端信息安全、防爆试验要求、电源适应能力、噪声试验、电磁兼容性试验、防雷击、环境试验、可靠性试验和有害物质限制使用标识检查等终端各项指标的试验方法。

检验规则包括：检验分类、定型检验、交收检验和例行检验，规定了检验的方法和检测手段，指导终端生产、交付等过程中的具体检验方法，确保产品质量。

标志、包装、运输、贮存和使用说明书包括：产品标志、包装箱标志、防爆要求标志，包装要求和检查方法，运输，贮存，使用说明书等内容，确保产品包装标识符合国家强制性认证对产品的各项要求。

三、标准推广与应用

为保证两项标准的落地实施，确保产品研制和生产的一致性，福建联迪从设计、开发测试、供应链、生产等环节严格执行《销售点终端》和《支付受理终端》的企业规范要求，通过智能自动化技术和品质大数据管控手段，将标准贯穿产品的全生命周期。同时，立足于自建的"福建省机器人工程技术研究中心"，不断深化和加强两项标准在企业内部及行业工程测试中的应用。

《销售点终端》和《支付受理终端》企业标准发布后，福建联迪积极邀请上下游合作伙伴参与标准执行，引导和带动上游供应商在联迪企业标准的基础上，完善和建立自己的物料、产品等相关规范和验收标准，稳步提升产品供应质量和设计、检验水平；将标准制定和执行过程中的一些较好经验和测试标准推广至收单机构，协助其建立先进完善的产品验收标准；积极推动金融行业标准的建立，为《销售点终端》和《支付受理终端》部分的编写提供了依据。下一步，福建联迪将在企业标准"领跑者"制度的推动下，继续开展标准的普及和推广，促进标准在全行业中的深化和应用。

第五章
金融标准化研究

- 有关绿色金融标准若干方面的探讨
- 金融大数据标准体系研究
- 保险行业信息技术风险管理标准体系研究
- 生物认证在金融支付领域的应用和管理模式研究

第五章　金融标准化研究

自党的十九大以来，我国金融标准化迎来了全面发展，金融标准在助力金融服务实体经济、防控金融风险、深化金融改革方面的作用日益凸显，有力地支持了我国金融业的健康发展。2019 年，金标委结合金融标准化重点、难点、热点工作和发展趋势，围绕金融标准化改革创新、金融标准体系建设、金融标准国际化、新技术应用标准化等领域，深化调查研究，积极为金融标准化发展提供理论和实践支持。本章选取部分优秀研究成果，围绕绿色金融、金融大数据标准化、保险行业信息技术风险管理、生物认证四方面，为进一步推进金融标准化工作提供积极参考。

第一节　有关绿色金融标准若干方面的探讨

绿色金融是践行绿色发展理念，推动经济转型升级，撬动经济增长的新支点，也是新时代发展绿色经济的本质要求。人民银行等部委联合发布的《关于构建绿色金融体系的指导意见》《金融业标准化体系建设发展规划（2016—2020 年）》，为我国发展绿色金融、完善相关标准体系奠定了制度基础。研究和探讨绿色金融标准体系对于深刻理解相关政策，促进绿色金融标准体系建设具有积极意义。

一、绿色金融的内涵

绿色金融的定义向来是由其社会属性和治理要求决定的，也仅在适宜的社会环境下才可能落地实施。2016 年 8 月，人民银行等七部委联合发布《关于构建绿色金融体系的指导意见》，给出适合我国经济社会发展需要的绿色金融定义："为支持环境改善、应对气候变化和资源节约高效利用的经济活动，即对环保、节能、清洁能源、绿色交通、绿色建筑等领域的项目投融资、项目运营、风险管理等所提供的金融服务"。根据指导意见，此处理解绿色金融是过程导向的表达，强调发展过程的低碳、低污染排放、低耗能、环境友好，最终实现绿色可持续发展。

二、绿色金融的主要内容

综合已有文献和政策，在《关于构建绿色金融体系的指导意见》明确的"绿色金融体系"整体框架内，参照经济学供需分析范式，对绿色金融体系从供给、需求、产品和制度等方面进行重新整理划分，具体包括绿色金融供给侧内容、绿色金融需求侧内容、绿色金融工具、绿色金融标准以及绿色金融制度，以促进对指导意见的理解和贯彻。

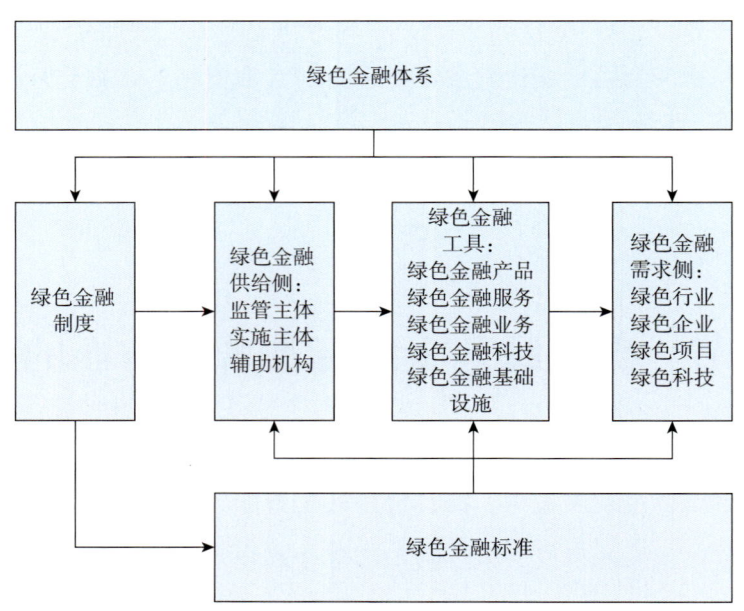

图 5-1 界定的绿色金融体系

表 5-1 绿色金融体系详细内容

绿色金融体系	绿色金融制度	绿色财金政策	财政贴息等财政政策、金融政策
		绿色金融保障措施	奖惩措施、法律制度规范等
		绿色金融人才培养	—
		其他绿色金融制度	—
	绿色金融供给侧	管理机构	"一行两会"、地方金融监管局等
		金融机构	银行、券商、基金、信托、保险等
		绿色市场	碳交易市场、排污权交易市场等
		辅助机构	认证、评级、评价机构，律师等
		其他组织	行业协会、各自律组织等

续表

绿色金融体系	绿色金融工具	绿色金融产品	股权类、债权类、或有类等
		绿色金融服务	方案、机制、咨询、顾问等
		绿色金融业务	流程、管理、统计、风控等
		硬性绿色金融基础设施	数据库、交易平台、渠道、设备等
		软性绿色金融基础设施	认证、评级、评价、评估、指数等
		绿色金融科技	大数据、云计算、区块链等
		其他绿色金融工具	—
	绿色金融需求侧	实体行业	实体经济各类行业
		实体企业	实体经济各类企业
		实体组织机构	实体经济各类组织机构
		个人	个人消费者、个人经营者
		实体项目	实体经济各类项目
		其他需求方面	—
	绿色金融标准	绿色金融供给侧标准	—
		绿色金融需求侧标准	—
		绿色金融工具标准	—
		绿色金融标准的标准	—
		其他绿色金融标准	—

三、绿色金融标准体系的目标原则与主要内容

（一）绿色金融标准体系的工作目标

按照人民银行副行长陈雨露的讲话要求，绿色金融标准体系构建的总体目标是研究制定国内统一、国际认同、清晰可执行的绿色金融标准，实现绿色金融标准体系更完善，标准化效益更凸显，提升标准国际水平，夯实标准化基础。

（二）绿色金融标准体系构建的基本原则

按照人民银行副行长陈雨露的讲话要求，构建绿色金融标准体系，应当遵循三条基本原则：一是公平性、完备性与统一性；二是统筹兼顾、急用先行；三是开放性和前瞻性。

（三）绿色金融标准体系的主要内容

金标委绿色金融标准工作组目前已经确立一套相对科学、完整的绿色金融标准体系，

在此对绿色金融标准体系进行多角度的解析。

第一，从标准的应用层次来看，绿色金融标准体系作为金融标准，包括国际标准、国家标准、行业标准、团体标准、企业标准以及其他层面绿色金融标准。

第二，从标准的参与主体来看，绿色金融标准体系包括绿色金融标准的监督主体、管理主体、制定主体、实施主体以及绿色金融标准的适用对象。

第三，从标准的应用功能来看，综合现有文献和相关政策文件，绿色金融标准体系可包括基础标准、绿色金融产品和服务标准、基础设施标准、统计标准、监管和风险防控标准、认证评价标识信息披露相关标准以及其他功能相关标准。

第四，在《关于构建绿色金融体系的指导意见》（银发〔2016〕228号）明确的"绿色金融体系"整体框架内，按照金标委绿色金融标准工作组对绿色金融标准体系的界定，从供需视角对绿色金融标准进行展望，认为绿色金融标准体系可包括绿色金融供给侧标准、绿色金融需求侧标准、绿色金融工具标准等方面。

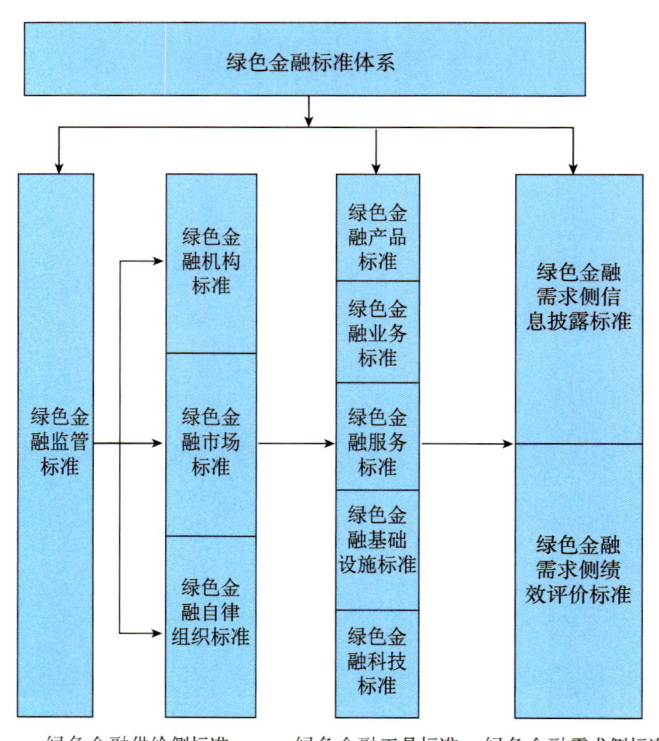

图5-2 绿色金融标准体系

四、我国绿色金融标准化的现状

当前我国的绿色金融相关要求主要以政策制度文件的形式存在。从规范业务和指导实践角度，金标委绿色金融标准工作组已经研究确定我国的绿色金融标准体系，初步完成绿色金融标准体系的"四梁八柱"性工作，对绿色金融标准体系建设具有指导性和规范性意义。人民银行等部门已在信贷统计、绿色债券认定、环境信息披露、绿色信用评估认证、绿色项目库等标准的建立和推广方面取得积极成效。

五、我国绿色金融标准化现状分析与政策建议

（一）我国绿色金融标准化现状分析

一是绿色金融标准及其体系的基本内容有待完善的空间。目前绿色金融标准、绿色金融标准体系缺乏法律法规和相关规范性文件的明确界定。

二是绿色金融业务发展与标准建设衔接有待进一步加强。由于绿色金融标准具有外部性，绿色金融标准的建设滞后于绿色金融业务的发展。

三是绿色金融标准与绿色经济标准的衔接需进一步协调。当前实体经济的政策不断加强，将有利于引导绿色金融发展的相关标准制定，且环保生态方面的政策制度也在不断完善，但在绿色金融标准与相关绿色经济标准的衔接上却略显不足。

四是绿色金融标准间需进一步协调。我国的绿色金融标准主要为从管理部门视角出发制定的标准，还缺乏严格意义上绿色金融技术性标准。

五是绿色金融标准的制定对市场主体的积极调动有待加强。绿色金融机构和实体经济主体都缺乏从事绿色金融标准的完善和执行工作的内在动力。

六是绿色金融基础设施相关标准的公信力和权威性待提高。绿色征信覆盖维度还不全面，环保"黑名单"的信息完整性、准确性、及时性都有待提高。

七是绿色金融标准的国际化水平有待提高。我国对内引入或实施的国际性绿色金融标准相对较少，国内绿色金融标准对外输出不足，国际话语权有待提升。

（二）我国绿色金融标准化体系构建的相关建议

一是从实践角度进一步明确绿色金融标准的基本内容。建议由管理部门牵头，将绿色金融业务体系与绿色金融标准体系的关联度和适用性进行明确界定或提出原则性指导

意见，对绿色金融标准体系的构建目标、工作原则、整体框架、构成部分和具体内容等进行统筹界定。

二是充分发挥现有绿色金融协调管理组织的作用，并建立横向合作纵向协同的工作机制。建议以金标委绿色金融标准工作组为基础，联合国家各金融相关部门、实体经济相关部委的力量，引进不同经济属性、市场化、国际性的多元机构，统筹推动绿色金融标准制定工作。

三是加强金融和实体经济管理部门之间工作对接，提高标准统一度。建议以"一行两会"等金融管理部门为主，同时加强与实体经济管理部门的标准工作沟通。

四是调动市场主体制定实施绿色金融标准的积极性和主动性。建议加强标准的知识产权保护，加强对标准制定和应用机构的政策引导，激发市场活力。

五是结合业务创新增加绿色金融产品和服务的标准供给。建议鼓励金融机构和市场主体在业务创新时关注绿色标准和规范建设，鼓励各类金融机构结合主业开展金融标准化工作。

六是调动社会力量增加绿色金融基础设施标准的供给。鼓励引导国内外机构，调动社会资本和社会组织机构的积极性，同时加强对第三方认证质量标准的制定和管理。

七是培养多层次绿色金融标准化人才。鼓励金融机构之间开展联合人才培训，鼓励金融机构基于海外分支机构开展国际金融标准的信息采集、标准实施、人才培养等。

八是提高绿色金融标准的国际化水平。建议鼓励和指导金融机构更加自主灵活、市场化、多形式地与国际性金融机构或组织开展绿色金融标准化探索、探讨以及业务合作，鼓励金融机构在全国绿色金融标准统一框架下，以更加市场化的身份参与国际性标准的起草和磋商。

第二节 金融大数据标准体系研究

金融大数据标准化助力大数据产业发展。通过大数据标准体系的研究，从技术、应用、产业、政策等角度，勾勒出金融大数据的整体轮廓，探索从技术、应用、产业、政策等维度综合分析大数据的标准化需求，从而为金融行业大数据标准化工作提供支撑。

金融大数据标准化服务于金融监管和数据治理。通过大数据标准体系的研究，一方面，从数据生存周期的角度分析金融大数据发展的关键技术；另一方面，根据金融监管数据报送要求，根据数据采集、传输、存储、处理、交换、共享、清除或销毁过程中的监管和标准化需求入手，以数据自身为角度，提出在不断创新的应用与服务模式下构建金融大数据标准体系框架及拟研制标准需求。

金融大数据标准化规范新技术在金融行业的安全应用。通过大数据标准体系研究，对大数据应用带来的挑战进行分析，调研大数据应用过程中安全标准化需求，明确亟须研制的标准项目。

金融大数据标准化体系研究可以明确金融业大数据标准化工作的任务、标准体系以及标准编制、实施、改进的标准化对象和范围，作为金融大数据标准化工作的指导性文件。

一、金融领域大数据应用及发展趋势

（一）金融监管大数据技术应用

从监管层面看，大数据技术将成为实现监管科技的重要手段。为适应业务发展的要求，监管机构亟须改变传统监管模式，进一步完善金融综合统计、反洗钱等金融基础设施建设，全面推进各类业务数据的标准化工作，实现对数据的高效采集、整合，深化金融数据和社会数据关联分析、融合利用，实现精准施策，在这个过程中，大数据技术将在其中发挥重要作用。

（二）金融行业大数据技术应用

从行业应用看，大数据将成为金融机构转型变革的突破口。金融机构在经营过程中与整个社会各行业构成了巨大的交织网络，沉淀了大量数据。基于大数据的人工智能和机器学习等技术将成为提高金融机构核心竞争力的重要因素。这些技术在前端可以用于挖掘客户需求，在中台支持授信、各类交易和分析中的决策，在后台用于风险防控和监督，使金融服务更加个性与智能化，并促进其不断转型升级。

（三）金融行业大数据平台建设情况

大数据技术的现实意义在于从海量数据中获得经验，对事物发展的规律和趋势做出精确的判断，"超大容量"和"超强计算能力"是大数据技术的基本特征。目前，市面上 MPP 数据库、Hadoop/Spark 大数据平台以及各种 NoSQL 数据库越来越成熟，技术供给越来越丰富，基于 x86 服务器的集群则能有效保障平台的高可用性和可扩展性。金融机构基于上述技术构建大数据平台（BDP），为金融大数据应用提供支撑。

（四）金融行业大数据发展趋势

从金融行业应用现状来看，大数据的发展呈现以下几种趋势：

1. 大数据技术在金融行业快速推广和运用。从早期的先行先试，尝试搭建分布式集群，到依托大数据应用场景的逐步落地；从集中式到混合式的探索期，到建立完整的大数据平台架构，金融企业数据架构已全面接纳大数据架构，大数据技术正逐步成为金融领域的标准化应用技术。

2. 优质的数据、不同领域数据的相互关联可以产生巨大商业价值。金融机构将不断积累多方数据资源，为精准营销、风险防控、内部运营等更多业务场景赋能。

3. 大数据背景下的风险防控将打破信息孤岛，从单一机构向行业融合迈进。针对跨行、跨支付机构的欺诈问题，亟须打破各机构之间的信息孤岛，从整个支付、诈骗链条上解决非法集资、电信诈骗和洗钱等金融领域突出问题，实现金融行业交易风险事件评级、信息共享和联防联控。

4. 大数据技术和人工智能技术结合越来越紧密。

5. 大数据背景下的数据安全和个人信息保护（隐私）问题备受关注，对个人金融信息保护将上升到前所未有的高度。

二、金融大数据标准体系框架

金融大数据标准体系分为基础、业务、治理、技术、安全和隐私 5 大类标准。

（一）基础类标准

基础类标准对金融业大数据标准体系的适用范围、目标进行界定。基础类标准包括术语、标准化工作指南、从业人员基本要求和大数据能力成熟度评价指标 4 个子类。

（二）业务类标准

业务类标准从金融监管、金融服务视角，对需要在金融行业范围内统一的业务数据进行规范，对监管场景所需要用到的数据范围、数据定义、数据表示、数据粒度进行统一。业务类标准包括金融基础数据元、通用业务、综合统计业务、反洗钱业务、征信业务、资管业务等方面的标准。

(三) 治理类标准

治理类标准用于指导金融机构开展数据治理工作，以确保数据资产能长期有序地、可持续地得到管理。治理类标准应该是一套经过行业实践检验的最佳方法论，包括组织架构和治理领域两个维度的内容。

(四) 技术类标准

技术类标准用于指导金融行业开展大数据基础平台建设，同时为主管部门开展大数据技术管理提供依据。该类标准在编制过程中，一方面，可参考工业和信息化部正在编制的大数据技术标准体系，设计基础平台架构；另一方面，结合金融行业在数据安全和业务连续性等方面的要求，提出大数据应用的技术规范。技术标准主要包括通用架构、关键技术和接口规范。

(五) 安全和隐私类标准

安全和隐私类标准用于指导金融行业在数据综合利用过程中如何保障数据使用安全，同时也可作为主管部门开展大数据监管的依据。该类标准包括安全管理标准和安全技术标准。

安全管理标准作用于大数据整个管理过程，对金融行业大数据战略的实施起到引领性和规范性作用。安全技术标准为大数据基础平台及上层大数据应用系统的安全建设、系统测评和安全运维提供支撑，对数据采集、传输、存储、整合、共享、应用、归档与销毁等阶段提出安全技术防护要求。

三、金融大数据标准化需求及建议

(一) 金融大数据标准化需求

金融业大数据标准覆盖范围广，内容丰富，编制工作量大、周期长，建议按照"围绕框架、试点突破、急用先行、稳步推进"的方式，优先制定金融大数据支付风险防控技术规范、金融大数据个人信息保护、金融大数据平台/系统技术规范及安全规范标准。

(二) 金融大数据标准化工作建议

为了促进大数据技术在金融领域的应用和发展，有效应对金融大数据安全风险，结合大数据标准化需求研究结果，对金融大数据标准化工作建议如下：

1. 建立健全适应金融大数据发展并保障安全应用的政策、规章制度和法规，明确大数据技术在金融领域的应用规则和大数据生态中不同主体的责任，加强金融领域行业敏感数据和个人信息（隐私）的保护。

2. 健全组织保障机制，成立相关金融数据标准工作机构，协助金标委统筹管理大数据专业领域标准的预研、立项和审核等工作。采取"急需先上"原则，加速推进金融领域大数据标准制定历程。

3. 加快跨支付机构欺诈风险防控大数据平台及配套标准建设。针对金融欺诈行为，各金融单位通过构建业务反欺诈或事中风控系统进行了积极应对，但依靠单一力量无法解决跨行、跨支付机构的欺诈问题。各机构之间可能形成信息孤岛，无法从整个支付、诈骗链条上解决非法集资、电信诈骗和洗钱等金融领域突出问题。亟须建立基于大数据的跨支付机构欺诈风险防控平台及配套标准，指导金融行业实现跨支付机构金融欺诈风险联防联控，从整个支付链条上有效遏制或杜绝支付风险和业务欺诈事件发生，提升支付机构和银行业整体支付风险防范能力。

4. 建立金融大数据标准体系研究长效机制。按照国际、国家政策法规和标准化实际，为金融领域大数据标准建设提出有益的规划和指导。

5. 建立多层次、多类型的金融大数据人才识别和培养机制，建立大数据标准化专家库，提升金融领域大数据标准的专业性、权威性和适用性。

6. 大力推广金融大数据标准的示范应用，切实发挥金融大数据标准对行业的引领、指导和产业发展支持的作用。

第三节　保险行业信息技术风险管理标准体系研究

金融领域是关系国计民生的重要领域，其中保险行业信息系统作为国家关键信息基础设施，其安全直接关系到金融业甚至国家信息安全。近年来，我国保险行业信息技术风险管理能力日益提高，但标准化的行业信息技术风险管理体系还需进一步研究和建立。在此背景下，从传统和新型信息技术风险方面开展风险管理标准体系的研究，对提升保险行业信息技术风险防控能力具有重要意义。为了对保险行业信息科技风险管理标准体系进行更全面、更系统化的研究，研究小组开展了广泛调查，整理了信息技术风险相关的标准和规定，分析了保险行业中的信息技术风险，建立了相适应的风险管理框架，并针对保险行业新型数字化信息技术风险及管控提出了相关建议。

一、保险行业信息技术标准概况

（一）国家标准

《GB/T 31722—2015/ISO/IEC 27005：2011 信息技术 安全技术 信息安全风险管理》为企业的信息安全风险管理提供指南，对企业开展风险管理的过程和活动给出了建议，但并不限定企业开展风险评估的具体方法。

《GB/T 22080—2016/ISO/IEC 27001：2013 信息安全管理体系要求》给出了企业建立并持续优化内部信息安全管理体系的建议，并规定了14个安全域中实施安全控制的要求。信息安全管理是信息技术风险管理的一部分，信息安全标准体系也是信息技术风险管理标准体系的重要参考之一。

《GB/T 22239—2008 信息安全技术 信息系统安全等级保护基本要求》对1至5级不同级别信息系统的安全保护、风险管控提出了明确的管理要求和技术要求。

《GB/T 35273—2017 信息安全技术 个人信息安全规范》针对个人信息安全问题，规范个人信息控制者在收集、保存、使用、共享、转让、公开披露等信息处理环节的行为，以控制个人信息被非法收集、滥用、泄露等风险。

《关键信息基础设施安全保护条例》制定了对国家和重点行业的关键信息系统的安全保护要求。

（二）行业标准

银保监会发布的《保险公司信息化工作管理指引》，以促进保险业信息化工作规范化与标准化建设。其中明确提出了加强信息系统风险管理，确保信息系统安全、稳定运行。该指引是保险公司开展信息化工作的重要指导。

银保监会发布的《保险公司信息系统安全管理指引》，以防范化解保险公司的信息系统安全风险，完善信息系统安全保障体系，确保信息系统安全、稳定运行。该指引是保险公司开展信息安全工作的重要指导。

银保监会发布的《保险信息安全风险评估指标体系规范》，提出了保险行业风险评估的方法，规定了管理领域、技术领域风险能力的评估指标，指导了保险行业在不同风险管理能力下的信息技术工作。

(三) 企业标准

根据以上国家标准、行业标准，保险行业内各企业为了加强自身的信息技术管理，也相应编制了内部标准和管理制度，包括信息技术风险管理的总体策略以及针对各类信息技术风险的管理要求、指南或者细则。

二、保险行业信息技术风险框架

保险行业信息技术风险主要包含信息技术治理风险、传统信息技术风险和新型数字化信息技术风险三个方面。保险企业可搭建基于三方面风险的信息技术风险管理框架，如图5-3所示。在信息技术治理方面，应从信息技术战略规划、信息风险制度管理、信息技术审计管理、信息技术合规遵从等方面加强企业信息技术风险治理。在传统信息技术风险管控方面，应对组织管理风险、人员管理风险、系统建设管理风险、系统运维管理风险、物理安全风险、网络安全风险、主机系统安全风险、应用安全风险进行管控。在新型数字化信息技术风险管控方面，应加强数据安全风险、新技术风险、云安全风险、安全可控风险等方面的管控。

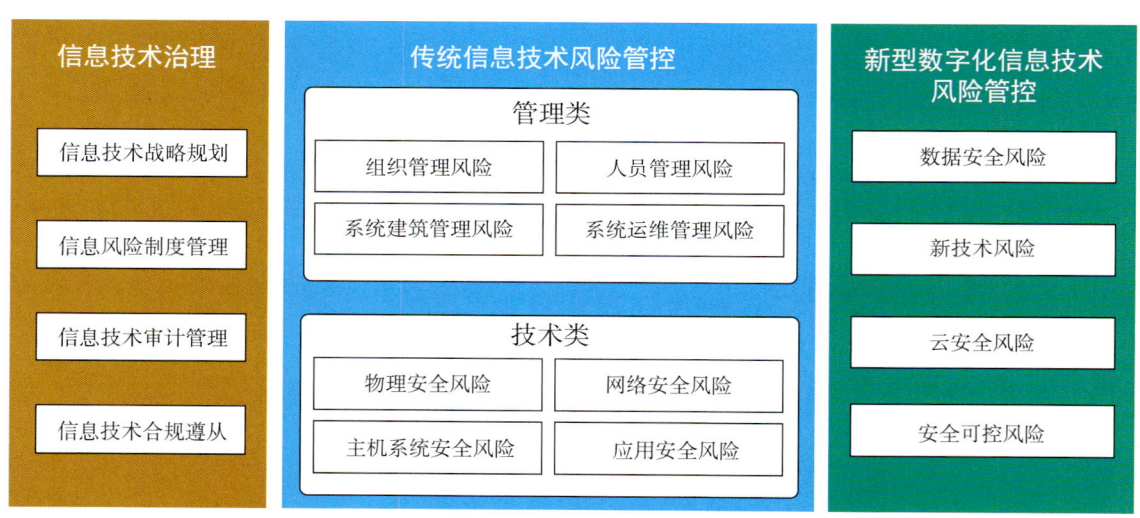

图5-3 保险行业信息技术风控管理框架

三、保险行业传统信息技术风险识别和管控

从传统信息技术角度来看，保险行业主要面临着管理和技术两方面的风险。

（一）管理类风险

保险公司具有其独有的行业特点和业务特点，造成组织架构复杂、业务人员流动较为频繁。因为保险产品众多等原因导致信息系统数量庞大、业务逻辑复杂，所以在组织管理、人员管理、系统建设管理、系统运维管理等方面存在较多的信息技术风险，如图5-4所示。

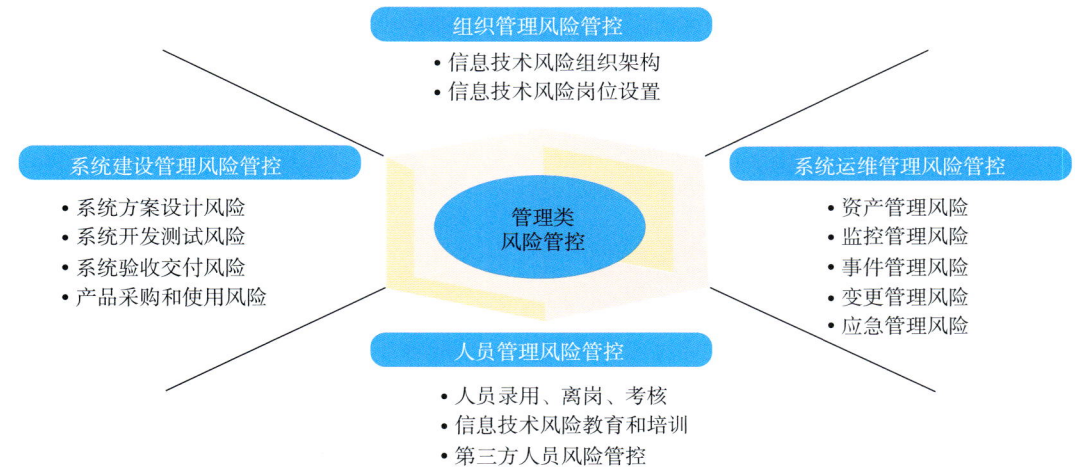

图5-4　保险行业传统信息技术管理类风险

（二）技术类风险

保险公司的办公地点分散，分支机构技术条件薄弱，业务需与外部互联互通，网络架构复杂，业务系统繁多，主机运维压力大，应用系统逻辑复杂，因此在物理安全、网络安全、主机安全、应用安全等方面存在信息技术风险，如图5-5所示。

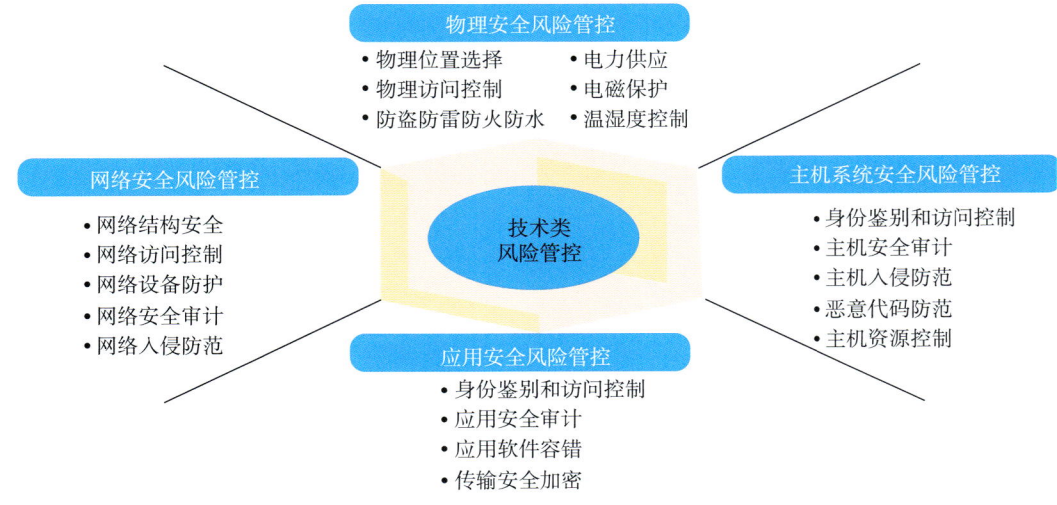

图5-5　保险行业传统信息技术类风险

四、保险行业新型数字化信息技术风险及管控建议

随着企业的转型、保险业务模式变化、技术变革、外部合规要求的不断出台以及外部威胁的持续涌现,保险行业众多企业积极开展数字化转型,由此带来了新的信息技术风险,例如数据安全风险、新技术风险和安全可控风险等新型风险日益突出。

(一)保险业客户数据安全风险及管控建议

保险公司因业务需要,信息系统中存储着大量真实且详细的客户数据,需重点关注客户数据的安全风险,包括数据的保密性、数据完整性和数据可用性风险。

为有效控制客户数据安全风险,保险公司一方面需要完善管理措施,明确数据安全管理内部组织架构及职能,对数据进行分类分级及全生命周期安全风险管理;另一方面需要完善技术措施,对敏感数据在传输、存储过程中实现加密,落实数据脱敏和数据销毁,定期备份数据并检测备份数据的可恢复性。

(二)保险业新技术安全风险及管控建议

现在越来越多的保险公司采用新技术来辅助开展保险业务,以提升业务效率和用户体验,但是新技术运用也带来了新的技术风险,包括智能识别、区块链、生物特征识别等技术本身的安全风险,以及新技术造成的批量、自动化的风险。

对于智能识别技术,从提升光学字符识别(OCR)整体识别率、自动化支付熔断机制等方面来管控安全风险;对于区块链技术,从区块链的智能合约漏洞、密码学技术等方面来管控安全风险,并在上线前进行全面深入的代码安全审计,尽可能地消除漏洞;对于生物识别技术,应从防止生物特征被复制和泄露、采取多种身份识别技术等方面来管控安全风险;新技术应用前应开展风险评估,做到充分的技术测试和技术试点,试行稳定后推广实施,并建立相适应的应急处置方案,以应对新技术应用后可能发生的大规模安全事件。

(三)保险行业云安全风险及管控建议

保险行业不少公司已开始了云平台的建设,云平台在实现数据共享、敏捷开发、高效运维的同时,也会带来新的信息技术风险,如数据泄露、身份信息和访问管理的保护不到位、不安全的接口和应用程序编程接口、系统漏洞、APT攻击、拒绝服务(DoS)、账户劫持、恶意使用云服务等安全风险。

保险公司应从网络通信、计算环境、应用和数据三方面考虑云安全风险管控。在网络通信安全方面，实现网络资源隔离和流量分离，不同安全级别资源实行物理隔离，加强区域间网络安全防护能力；在云计算环境安全方面，做到权限分离，实现集中审计和集中监控；在云应用和数据安全方面，确保数据保密，采用对网络设备间通信进行加密，保证不同云租户的审计数据隔离存放等措施。

（四）保险业安全可控风险及管控建议

保险行业作为关系国计民生的重要行业之一，其安全可控直接关系到金融业甚至国家的信息安全，需要全行业进行关注。知识产权风险：保险公司使用外部商业产品未购买版权或未如数购买版权将带来法律合规风险。开源技术风险：开源技术解决了代码不能安全可控的风险，但开源的优点同时也是风险的根源，代码里的漏洞包括黑客在内的每个人都可见，而且开源技术没有商业软件的专业化维护，一旦技术被市场抛弃，后期自我维护难度大，存在较大的技术持续性风险。

保险公司应从以下方面加强对安全可控风险的管控，包括：建立对软件正版化的制度要求，不使用盗版软件、不安装使用未经授权的商业软件并落实检查；制定安全可控的目标和实施计划；在使用开源技术前，应进行全面评估，包括技术风险、后期维护风险等，在对开源代码的二次开发中，应建立有效的版本维护机制和更新机制。

第四节 生物认证在金融支付领域的应用和管理模式研究

在日常生活中经常遇到如何证明"你就是你"的问题，比如打开自己的房屋、汽车或办公室的门锁，收取挂号信，登录电子邮箱等，这些日常动作的实质就是进行一次身份认证过程，用来确认是正确的用户使用了被授权的服务。总结现有各类身份认证技术的特点，可以将身份认证技术分为三类。

- 根据被验人所知道的信息，如口令、密码、安全问题等；
- 根据被验人所持有的物理凭证，如票据、印章、银行卡等；
- 根据被验人独特的生物特征，如指纹、虹膜、人脸等。

前两类认证方法在金融支付领域已经获得广泛的应用。伴随着电子信息技术的进步，生物认证技术的用户体验优势愈发明显。同时，在移动通信设备和个人计算机领域，生物认证模块已经被苹果、三星、华为、小米、联想等主要设备供应商作为其产品标准配置。生物认证在金融支付领域（特别是移动支付领域）的应用基础设施已经初步具备。中国银联、支付宝、财付通、苹果、三星、华为等多家公司已经推出基于生物认证技术的支付服务，可以说生物认证技术在金融领域的应用方兴未艾。

然而生物认证信息同时具备难以改变、关联公民身份信息密切等特点，个人的生物认证信息一旦泄露将造成严重后果，并产生极大补救成本，大规模的生物认证信息泄露后果更是不堪设想。因此，选择合理的技术方案，建立适当的管理模式是生物认证技术在金融支付领域大规模应用的必要前提。

一、生物认证技术一般模型和现状

此处所讨论的生物认证系统主要指基于电子信息技术的自动认证系统，即对生物特征的采集和比较过程是自动的，系统不会要求人工参与具体的采集、处理和比较过程。生物认证系统在使用中分为注册和认证两个阶段，如图 5-6 所示。

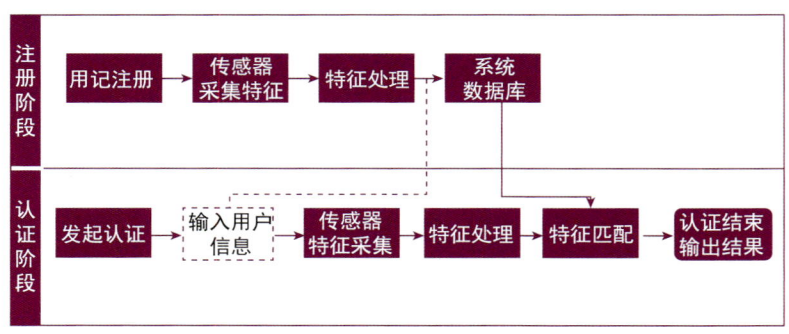

图 5-6　生物认证系统的一般模型

在注册阶段中，用户首先应在系统中注册一个 ID（个人识别信息，如银行账号、姓名或系统自动赋予他的一个序列号），这一 ID 将成为后续系统进行权限管理（是否允许访问、是否开门等）的基础。之后，系统使用采集设备来采集用户的生物特征信息，如使用指纹传感器采集指纹、使用传感器分析用户敲击键盘的力度、使用摄像头捕捉瞳孔、使用麦克风采集用户声纹等。最后，生物特征信息经过处理后形成模板数据，并将 ID 和对应的模板数据存入系统数据库中。

在认证阶段，用户激活系统发起认证，输入 ID 来表明自己身份，并使用传感器输入生物特征信息。系统根据 ID 调取对应模板，与输入生物特征信息进行比较得出认证通过或不通过的结果。输入 ID 步骤是一个可选步骤，用户也可直接通过输入生物认证信息，并由系统进行自动匹配，如果系统存储有与输入生物特征相对应的模板数据则应予以认证发起者对应 ID 的权限，反之则认证不通过。

在当前技术条件下应用最为广泛的系统是指纹识别系统，据统计，不同种类生物识别系统占据的市场份额分别为：指纹识别 65%、面部识别 11%、静脉识别 8%、声音识别 7%、人眼识别 5%、签名和字迹识别 1%、其他 3%。但随着技术的发展，各类生物特征认证系统的安全性和便利性指标可能会产生变化，因此在考虑生物识别认证系统的设计时应采用发展的眼光为各类生物特征保留技术接口。

二、生物认证在金融支付领域的应用模型

我国自 20 世纪 90 年代进入电子支付时代后，支付身份认证方式经历几轮演进，但无论其应用基于哪种技术，要解决的核心问题只有两个，即发起交易的账户是哪个，进行交易的人是否有权进行交易。这与生物认证一般模型中的用户 ID 和生物特征正好相对应。但其与生物认证一般模型又有重大区别，区别在于在支付领域，除了部分互联支付中使用的简化性身份认证机制外，在支付（特别是大额支付）的认证过程中通常强调使用双要素认证，除了强调"你是你"这一过程（如密码、生物特征）验证的重要性外，也强调了"你是谁"这一问题的验证。其原因在于金融支付过程不是一个开门或锁门的单一的过程，"你是谁"决定了你可以获得什么样的服务。

比如，在进行智能门锁开门验证时通常只需提供指纹、虹膜等生物信息，由设备自动匹配验证。而在使用金融 IC 卡进行交易时，IC 卡负责提供账户数据，POS 会通过清算组织、发卡行、IC 卡三级证书体系来验证 IC 卡本身的可信性。

因此在设计应用于金融支付领域的生物认证模型时应注意既要验证"你是你"的正确性，也要验证"你是谁"的真实性这一特殊需求。

基于上述关于生物认证技术特点和金融支付领域中身份认证的需求，中国银联广泛征求了芯片厂商、TEE 厂商、指纹厂商、OEM 厂商的意见，共同编制了《中国银联生物认证技术指引》，提出了一种生物认证用于金融支付领域的模型和参考实现方案。

银联生物认证模型是一种为解决远程（如网上支付）和近场（如刷卡支付）支付过

程中安全认证问题的模型,模型结构如图5-7所示。其特点在于,在生物认证过程中加入了证书体系和数字签名过程,通过数字证书解决了"你是谁"的问题,保障了用户身份的合法性。在数字证书证明了用户身份合法性的基础上,则使得"你是你"这一问题的验证过程可以在装载了数字证书的可信用户设备上自行验证,并将验证结果与用户合法性证明送后台进行验证。

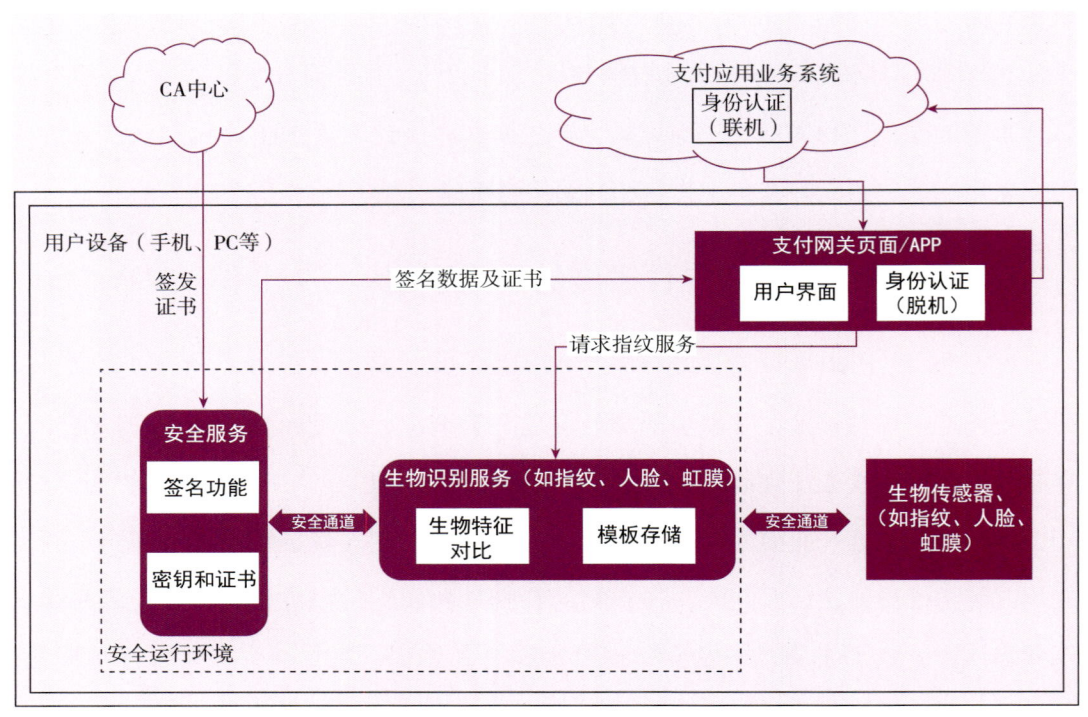

图5-7 一种生物认证用于支付领域的模型

(一)银联生物认证模型的优点

生物特征模板信息不集中存储于某一系统中,而是分散在个人设备中,降低系统性风险和政策风险。

可以实现跨生物识别方式工作,由于模板匹配过程在本地执行,整个系统不再对模板匹配的内容有具体要求,只要设备具备相应传感器和算法,任何种类的生物特征均可作为认证手段。

可以实现跨设备、跨平台工作,任何具备安全环境和传感器的智能设备均可应用,包括PC、手机、平板电脑等。

通过数字证书颁发机制可以有效管理用户使用的认证设备,通过建立检测认证机制可以使安全设计有漏洞的用户设备被排除在可用的支付设备之外，并且可以根据设备本身的安全设计等级，建立分级管理制度，兼顾安全性与便利性。

（二）银联生物认证模型的工作步骤

1. 用户在设备上通过支付网页或支付应用软件发起生物认证请求；
2. 在安全运行环境中，运行设备的生物识别服务和经激活的生物传感器，获取用户生物特征；
3. 生物识别服务与预存模板进行匹配；
4. 匹配结果、匹配类型加上随机因子等数据经签名服务签名；
5. 签名服务将签名后数据、设备公钥证书、厂商公钥证书等一并经支付网页或 APP 发送至后台进行验签或在应用规则允许的情况下进行脱机认证。

三、生物认证用于支付领域的安全要求

鉴于在金融支付领域的认证过程其后台往往是中心化的，由银联、网联、商业银行、非银行支付机构等受到监管的专业机构负责建立，具有单一性、受到严格监管等特点。而用户端的设备（往往是消费电子级设备）在生物认证功能的实现上则是碎片化的，其具体实现方案由终端设计方自行决定。因此，用户端的生物认证实现方案，将受制于各个厂商的成本、技术能力、管理能力等要素的差异。用户端的实现方案是整个系统的薄弱环节。

在生物认证支付模型中，用户端包括安全服务、生物验证服务、传感器三个主要部分组成，其各自的安全要求如下：

安全服务负责存储证书数据和签名密钥数据，并负责将生物验证结果签名上送。由于数字证书和签名密钥是用户设备合法性的主要凭证，设备合法性是证明生物验证结果和交易请求合法性的主要依据，如果这一凭证遭到复制将使犯罪分子可以任意操纵被复制用户设备关联的账户。因此，这一部分的安全要求较高。

生物验证服务负责存储模板和利用模板与新采集信息进行比对。用户个人的生物验证模板信息是证明交易者是账户合法持有人的重要凭证，模板信息或比对结果被非法操纵将导致用户设备在非本人操作的情况下进行本应仅可本人授权的交易或应用。但由于账户持有人有义务保管好自己的设备，这一部分的安全要求将低于安全服务部分。

传感器负责采集生物特征信息并转化成生物特征数据。由于传感器只起到将原始的

生物特征信息传递给生物验证服务的功能，因此这一部分安全要求较低。

四、生物认证用于支付领域的安全管理策略

按照《中国银监会　中国人民银行关于加强商业银行与第三方支付机构合作业务管理的通知》（银监发〔2014〕10号）的有关要求，参考《中国银联生物认证技术指引》的有关内容，可将生物认证支付过程的安全等级分为三级，从低到高分别为非金融交易、小额交易和大额交易（见表5-2）。

表5-2　生物认证安全要求分级

	非金融交易	小额交易	大额交易
定义	不涉及金融交易的其他认证应用	对应小额交易的单笔交易限额和日累计交易限额，即单笔限额不超过人民币1000元，每日累计交易限额不超过人民币5000元	对应大额交易的单笔交易限额和日累计交易限额，即单笔交易限额不超过人民币5000元，每日累计交易限额不超过人民币20000元
安全要求	低	中	高
功能举例	进行智能设备的解锁、唤醒、文件加密等功能替代非支付账户的登录密码	替代小额交易密码 替代支付动态码、OTP 替代支付账户登录密码	替代大额交易密码 替代网银、手机银行用户登录密码

基于前一节的分析，生物认证支付手段多用于个人设备上，个人有义务对自己的设备进行保管，且从防范系统性的安全风险角度出发，交易账户的合法性验证，即防范伪卡的重要性要高于验证交易发起人身份的重要性。所以，可以认为在交易账户合法性验证的安全性上达到与金融IC卡相当级别的解决方案可应用于大额交易场景，在交易账户合法性验证的安全性上低于金融IC卡但强于一般生物认证模型的解决方案可应用于小额交易场景，一般生物认证模型可用于非金融交易场景。其匹配关系如表5-3所示。

表5-3　生物认证支付解决方案与安全要求匹配

	非金融交易	小额交易	大额交易
安全要求	低	中	高
功能举例	基于一般生物认证模型的解决方案	安全服务运行于TEE中的解决方案	安全服务运行于SE中的解决方案

五、结束语

本文通过对生物认证的通用模型和评价方法、生物识别技术的发展和市场占有率、传统金融支付领域的身份认证方法三个方面进行整理介绍，提出了一种以生物认证技术代替传统密码的支付认证模型。列举基于这一模型的常见解决方案，并本着安全与成本相平衡的原则，尝试性地提出了不同解决方案分场景应用的方式。

在生物认证和支付技术解决方案爆炸式发展的当下，本文追根溯源，尝试性地从生物认证技术和电子支付技术的发展过程中总结二者合理可行的结合方式，希望能够为我国生物认证支付的标准体系建设提供参考。

第六章
2020 年金融标准化工作展望

第六章 2020年金融标准化工作展望

2020年，金融标准化工作要继续坚持以习近平新时代中国特色社会主义思想为指导，全面贯彻新发展理念，强化标准引领，提高发展质量，更好助力现代金融体系建设。

一是大力推进金融标准供给。金融标准供给要以服务金融治理体系和治理能力现代化建设为大局。一方面，积极完善金融标准体系各构成要素。坚持"金融标准 为民利企"的发展理念，推进保障人民财产安全的金融强制性国家标准建设，加快亟须领域推荐性国家标准和行业标准编制，强化金融团体标准规范发展，鼓励企业标准更好发展。另一方面，聚焦新兴重点领域标准研制。以提升金融治理现代化水平、促进金融业高质量发展为主线，加快完善绿色金融、普惠金融、供应链金融、金融市场、金融科技、金融风险防控等标准。继续深化金融标准供给侧改革，前瞻性地做好标准预研，满足金融业改革发展需要。

二是持续提高金融标准实施效能。标准实施是践行"金融标准 为民利企"发展理念的最终落脚点。在实施方法上，要积极调动各方力量。建立健全金融标准、检测认证实体机构，增强专业化服务能力。充分发挥金融机构在标准实施中的主体作用，鼓励检测认证等多种方式保障金融标准落地，做好金融科技产品国推认证实施，切实以标准手段筑牢金融科技产品安全底线、引领金融科技产品质量建设。在实施渠道上，要用好各种工作机制。充分利用全国"质量月"平台，做好"金融标准 为民利企"主题活动，深化金融行业标准化工作理念，推动金融机构运用标准化手段提质增效，保障金融消费者合法权益；挖掘标准实施试点效能，总结重庆和浙江金融标准创新建设试点成果，共享标准助力中小银行经营管理的实施经验，引导金融机构从战略层面重视金融标准化建设，加快金融机构职能转型和系统建设；持续开展金融领域企业标准"领跑者"活动，引导金融机构及相关企业提高产品质量、提升用户体验，建立"有产品必有标准"的治理体系；推广"金融标准＋扶贫"工作经验，发挥金融标准助力扶贫与乡村振兴作用，提升贫困地区金融服务水平。在实施路径上，要探索借鉴国际经验。建设中国金融业通用报文库，建立结构化的金融报文研发交流工作平台和治理平台，支持金融基础设施统筹监管与建设规划，更好地发挥标准在宏观审慎管理和金融风险防控中的基础性作用。

三是加快提升金融标准国际化水平。伴随着金融业更高水平的对外开放，应强化金融标准的国内外联动，促进多方面的双向开放。在标准编制环节，鼓励内外资企业公平参与我国金融标准化工作，加快外资企业参与金融标准制定的进程，提高金融标准制修订的科学性和透明度；深度参与金融国际标准治理与标准研制，鼓励国内金融机构在金融科技、监管科技、绿色金融等领域的国际标准研制中发挥建设性作用。在标准实施环节，继续加大全球法人识别编码等国际标准在跨境投资和交易场景中的应用，优化营商环境；积极推进我国金融标准在"一带一路"沿线国家应用推广，支持国际组织基于我国优秀标准制定符合"一带一路"沿线国家需求的金融标准。

四是积极开展金融标准化研究。加强金融标准化高质量发展的理论支撑，完善金标委重点研究课题制度，动员全行业聚焦标准引领金融高质量发展、服务深化金融改革、支持金融开放等重点课题，分析新情况新问题，总结新方法新经验，形成高水平研究成果。做好金融标准化高质量发展顶层设计，推进"十四五"金融标准化体系建设发展规划编制，为支持金融服务实体经济、防范化解金融风险、构建现代化金融治理体系发挥更大作用。

五是抓紧建设新时代金融标准化人才队伍。以学科建设为引领，以人才培养为根本，凝心聚力，加快金融标准化人才队伍建设，推进金融标准化学科教育，培养大批具有创新能力和合作精神的金融标准化高端人才。支持和鼓励广大金融标准化工作者不断提高专业化水平，弘扬工匠精神，共同推进金融标准化高质量发展。

附 录

- 2019年中国金融标准化大事记
- 2018—2019年度金融标准化重点研究课题获奖名单
- 2019年发布、在建金融标准一览表
- ISO/TC 68已发布标准一览表

附录 A 2019 年中国金融标准化大事记

2019 年 1 月 8 日，《银行间市场基础数据元》（JR/T 0065—2019）、《银行间市场业务数据交换协议》（共 3 部分：JR/T 0066.1 - 3—2019）金融行业标准由人民银行正式发布。

2019 年 2 月 6 日至 7 日，全球法人识别编码体系（全球 LEI 体系）监管委员会全体会议在韩国首尔召开，人民银行科技司派员参会。

2019 年 2 月 27 日，《商业银行担保物基本信息描述规范》金融行业标准发布会在京召开。人民银行副行长、金标委主任委员范一飞，建设银行行长王祖继出席会议并讲话。

2019 年 3 月 7 日，金标委银行间市场技术标准工作组成员会议在上海召开。该次会议由中国外汇交易中心主办，来自金标委和工作组成员单位的共 23 家机构的 38 名专家和代表参会。

2019 年 3 月 26 日至 28 日，ISO/TC 322 首次会议在英国伦敦召开，金标委组织专家参会。

2019 年 4 月 16 日，金标委 2019 年分委会及专项工作组总结交流会在京召开。金标委副主任委员、人民银行科技司司长李伟出席会议并总结。金标委证券分委会、保险分委会、印制分委会，银行间市场技术标准工作组等十个专项工作组及金标委秘书处标准实施推进组负责同志参会。人民银行科技司二级巡视员杨富玉主持会议。

2019 年 5 月 13 日至 17 日，第 38 届国际标准化组织金融服务技术委员会（ISO/TC 68）年会在法国巴黎召开，金标委副主任委员、人民银行科技司司长李伟带队参会。

2019 年 6 月 25 日至 26 日，全球法人识别编码体系（全球 LEI 体系）监管委员会全体会议在爱尔兰都柏林召开，人民银行科技司派员参会。

2019 年 6 月 27 日，2019 年度金融领域企业标准"领跑者"活动启动会在京召开。人民银行副行长、金标委主任委员范一飞出席会议并讲话。

2019 年 7 月 3 日至 4 日，金标委金融国际标准跟踪研究工作组在重庆召开工作会议，此次会议由中国金融电子化公司主办。人民银行科技司二级巡视员杨富玉出席会议并讲话。

2019年8月6日，人民银行科技司二级巡视员杨富玉带队赴山东大学，围绕《金融标准化通识》编制工作开展沟通交流。

2019年8月29日，人民银行办公厅印发《中国人民银行办公厅关于在2019年全国"质量月"期间开展"金融标准 为民利企"主题活动的通知》，正式开启为期1个月的金融标准化宣传及实施活动，进一步发挥金融标准在支持金融业高质量发展中的作用。

2019年9月11日至16日，金标委秘书处组织2019年重点金融标准培训。人民银行科技司二级巡视员杨富玉主持会议，全国性商业银行标准化工作负责人现场参会，人民银行各分支机构组织辖区内金融机构代表通过电视会议系统参会。

2019年9月23日，中国—东盟国际标准化论坛在广西南宁召开。此次论坛由市场监管总局、国家标准委、广西壮族自治区人民政府联合主办，人民银行科技司司长李伟受邀发表专题演讲。

2019年9月23日，印制分委会组织召开金标委第五届印制分委会第一次全体会议。

2019年9月26日，人民银行科技司二级巡视员杨富玉带队赴南开大学金融学院围绕"金融标准化"开展讲座和专项调研。

2019年9月27日，《移动金融客户端应用软件安全管理规范》（JR/T 0092—2019）金融行业标准由人民银行正式发布。

2019年9月30日，《证券期货业软件测试规范》（JR/T 0175—2019）金融行业标准由中国证券监督管理委员会正式发布。

2019年10月14日至17日，来自人民银行、银保监会、证监会、市场监管总局等相关部门人员组成评估组，赴浙江省、重庆市进行金融标准创新建设试点中期评估。

2019年10月15日，金标委公布2018—2019年度金融标准化重点研究课题获奖名单。

2019年10月17日，《人民币现金机具鉴别能力技术规范》强制性国家标准研讨会在昆山召开。

2019年10月29日，金标委编制的2018—2019年度金融标准化重点研究课题成果汇编《金融标准化研究》正式出版。

2019年11月18日，《证券期货业数据模型 第1部分：抽象模型设计方法》（JR/T

附 录

0176.1—2019）金融行业标准由中国证券监督管理委员会正式发布。

2019年11月20日，金标委2019年工作会议暨第四届委员会第三次全体会议在京召开。人民银行副行长、金标委主任委员范一飞，银保监会副主席、金标委常务副主任委员梁涛，证监会副主席、金标委常务副主任委员赵争平出席会议并讲话。金标委前轮值单位、农业银行行长张青松，金标委现轮值单位、建设银行信息总监金磐石出席会议并发言。工商银行董事会秘书官学清、中国银行首席信息官刘秋万、交通银行副行长郭莽出席会议。

2019年11月20日，市场监管总局正式批复同意增补人民银行科技司二级巡视员杨富玉为金标委委员兼秘书长。

2019年11月13日至14日，ISO 20022 RMG（注册管理组）会议在美国洛杉矶召开，我国派员参会。

2019年12月5日，可持续金融国际标准公开研讨会在深圳召开。人民银行金融研究所雷曜副所长出席会议并发言。

2019年12月6日，国际标准化组织可持续金融技术委员会（ISO/TC 322）第二次全体会议在深圳召开。人民银行副行长陈雨露发贺信。金标委秘书处派员参会。

2019年12月11日，金标委在北京举办LEI金融市场机构座谈会，金标委秘书长、人民银行科技司二级巡视员杨富玉，GLEIF董事会主席出席。

2019年12月18日，金标委银行间市场技术标准工作组2019年度工作会议在上海召开。本次会议由跨境银行间支付清算有限责任公司主办，来自42家机构的75位专家和代表参会。

2019年12月20日，金标委秘书处在京组织召开2019年度金融领域企业标准"领跑者"发布会。金标委副主任委员、人民银行科技司司长李伟，市场监管总局标准创新管理司司长崔钢，人民银行货币金银局副局长陈建新，中国标准化研究院副院长邱月明出席会议并讲话。

2019年12月27日，《人民币现金机具鉴别能力技术规范》强制性国家标准研讨会在京召开。人民银行货币金银局副局长陈建新出席并讲话。

附录 B 2018—2019 年度金融标准化重点研究课题获奖名单

奖项	题目	课题承担单位
一等奖	"一带一路"金融标准化应用研究	中国金融电子化公司（牵头单位）、中国人民银行昆明中心支行、中国人民银行重庆营业管理部、中国银联、中国银行、中国农业银行
	中外金融标准与金融治理融合发展比较研究	中国人民银行科技司（牵头单位）、中金金融认证中心
	法定数字货币标准体系框架及参考架构研究	中国人民银行数字货币研究所
二等奖	有关绿色金融标准若干方面的探讨	中国农业银行（牵头单位）、中国人民银行银川中心支行、中金国盛认证中心
	金融标准实施评估路径实证研究	中金国盛认证中心（牵头单位）、中国人民银行科技司
	金融大数据标准体系研究	中国人民银行金融信息中心（牵头单位）、中国银行
	建设中国高质量金融市场标准体系研究	中国银行间市场交易商协会
	保险行业信息技术风险管理标准体系研究报告	中国太平洋保险（集团）股份有限公司
	全球法人识别编码发展应用研究	中央国债登记结算有限责任公司（牵头单位）、中国金融电子化公司

续表

奖项	题目	课题承担单位
三等奖	债券市场开放背景下中国金融标准国际化研究	中国银行间市场交易商协会
	债券信息披露标准体系实践研究	中国银行间市场交易商协会
	混合模式下金融云计算架构标准的研究与探索——以城商行应用为例	中国人民银行宁波市中心支行
	基于数据智能分析的监管数据标准化生态圈研究与实践	天津银行
	商业银行投资银行顾问业务标准化建设	中国农业银行
	金融许可链标准化研究分析报告	中钞信用卡产业发展有限公司（牵头单位）、中国工商银行、招商银行、中金国盛认证中心、华为技术有限公司、招联消费金融有限公司、试金石信用服务有限公司
	金融国际标准趋势性研究与我国应对策略	中国人民银行南京分行
	普惠金融标准体系研究	深圳前海微众银行
	印钞企业清洁生产评价指标体系的研究	南昌印钞有限公司（牵头单位）、中国印钞造币总公司
优秀奖	综合金融风险防控标准前瞻研究——以平安集团为例	广东鸿特信息咨询有限公司（牵头单位）、中国邮政储蓄银行广州市分行
	城市商业银行监管数据集市体系研究	成都银行
	信用债券大数据标准体系研究	中国银行间市场交易商协会
	金融标准实施长效机制研究	中国人民银行重庆营业管理部（牵头单位）、中国人民银行南京分行、中国人民银行许昌中心支行、中国工商银行
	金融业标准化视角下的金融人才培养机制研究	中国人民银行来宾市中心支行
	金融大数据标准体系研究	内蒙古自治区农村信用社联合社
	国有大型银行数据中心基础设施监管标准研究	中国工商银行
	省级农信社金融大数据标准体系研究	福建省农村信用社联合社

续表

奖项	题目	课题承担单位
优秀奖	重点金融标准实施调研分析与模式初探	中国人民银行济南分行（牵头单位）、中国人民银行广州分行、中国人民银行武汉分行、中国人民银行南京分行、中国人民银行重庆营业管理部
	金融大数据通用架构标准研究	中国人民银行清算总中心
	债券市场信用风险防控与金融标准	中国银行间市场交易商协会
	关于重点金融服务标准实施模式的相关思考与建议	中国建设银行
	"一带一路"倡议下中国金融标准发展研究——以中亚五国为对象	中国人民银行乌鲁木齐中心支行
	江苏省联社普惠金融统计标准化指标与评估实施方案	江苏省农村信用社联合社
	互联网信贷业务标准化研究	四川新网银行

附录 C 2019年发布、在建金融标准一览表

一、发布金融标准一览表（截至 2019 年 12 月 31 日）

序号	标准编号	标准名称	标准类别
1	JR/T 0065—2019	银行间市场基础数据元	行标
2	JR/T 0066.1—2019	银行间市场业务数据交换协议　第1部分：语法、结构与会话层	行标
3	JR/T 0066.2—2019	银行间市场业务数据交换协议　第2部分：应用层	行标
4	JR/T 0066.3—2019	银行间市场业务数据交换协议　第3部分：适流表示层	行标
5	JR/T 0175—2019	证券期货业软件测试规范	行标
6	JR/T 0176.1—2019	证券期货业数据模型　第1部分：抽象模型设计方法	行标
7	JR/T 0092—2019	移动金融客户端应用软件安全管理规范	行标

二、在建金融行业标准一览表（截至 2019 年 12 月 31 日）

序号	在建标准名称	标准类别	进展阶段
1	现金类自助终端视频集中监控技术规范	行标	报批稿
2	银行业电话外拨服务规范	行标	报批稿
3	银行非现金自助服务终端设备技术规范	行标	报批稿
4	中国金融移动支付　应用基础　第1部分：术语	行标	报批稿
5	中国金融移动支付　应用基础　第2部分：机构代码	行标	报批稿
6	中国金融移动支付　应用基础　第3部分：支付应用标识符	行标	报批稿
7	中国金融移动支付　应用基础　第4部分：支付账户介质识别码	行标	报批稿
8	中国金融移动支付　安全单元　第1部分：通用技术要求	行标	报批稿
9	中国金融移动支付　安全单元　第2部分：多应用管理规范	行标	报批稿
10	中国金融移动支付　非接触式接口规范	行标	报批稿
11	中国金融移动支付　受理终端技术要求	行标	报批稿
12	中国金融移动支付　客户端技术规范	行标	报批稿
13	中国金融移动支付　应用安全规范	行标	报批稿

续表

序号	在建标准名称	标准类别	进展阶段
14	中国金融移动支付　检测规范　第1部分：移动终端非接触式接口	行标	报批稿
15	中国金融移动支付　检测规范　第2部分：安全芯片	行标	报批稿
16	中国金融移动支付　检测规范　第3部分：客户端软件	行标	报批稿
17	中国金融移动支付　检测规范　第4部分：安全单元（SE）应用管理终端	行标	报批稿
18	中国金融移动支付　检测规范　第5部分：安全单元（SE） 【原名：中国金融移动支付　检测规范　第5部分：安全单元（SE）嵌入式软件安全】	行标	报批稿
19	中国金融移动支付　检测规范　第6部分：业务系统	行标	报批稿
20	中国金融移动支付　检测规范　第7部分：可信服务管理系统	行标	报批稿
21	中国金融移动支付　检测规范　第8部分：个人信息保护	行标	报批稿
22	中国金融移动支付　检测规范　第9部分：嵌入式应用软件	行标	报批稿
23	网上银行系统信息安全通用规范	行标	报批稿
24	金融行业网络安全等级保护实施指引（合并原来的12部分）	行标	征求意见稿
25	金融行业信息系统信息安全等级保护测评指南	行标	征求意见稿
26	个人金融信息保护技术规范 【原名：金融大数据信息保护技术规范】 【原名：支付信息保护技术规范】	行标	报批稿
27	人民币支付清算信息交换规范	行标	报批稿
28	银行间市场债券产品信息披露操作流程及格式审核规范	行标	草稿
29	信贷资产证券化标准合同文本	行标	征求意见稿
30	债券市场非金融企业压力测试工作规范	行标	征求意见稿
31	聚合支付安全技术规范	行标	报批稿
32	银行业集中营运规范	行标	报批稿
33	非金融企业债务融资工具公开发行注册业务规范	行标	征求意见稿
34	非金融企业债务融资工具公开发行注册信息披露规范	行标	征求意见稿
35	非金融企业债务融资工具定向发行注册业务规范	行标	征求意见稿
36	非金融企业债务融资工具定向发行注册信息披露规范	行标	征求意见稿
37	企业资产证券化注册发行业务规范	行标	征求意见稿
38	企业资产证券化信息披露规范	行标	征求意见稿
39	非金融企业债务融资工具簿记建档业务规范	行标	征求意见稿
40	境外非金融企业债务融资工具业务规范	行标	征求意见稿
41	银行间市场外汇交易报告数据	行标	报批稿
42	支付受理终端注册数据规范	行标	报批稿

附 录

续表

序号	在建标准名称	标准类别	进展阶段
43	银行业软件测试环境管理规范	行标	送审稿
44	债券价格指标产品数据采集规范	行标	送审稿
45	债券价格指标产品描述规范	行标	送审稿
46	银行卡卡片规范	行标	报批稿
47	信贷市场和银行间债券市场信用评级规范	行标	草稿
48	分布式账本技术安全规范	行标	报批稿
49	支付信息统计分析系统报文规范	行标	送审稿
50	人民币跨境支付清算信息交换规范	行标	送审稿
51	银行间市场交易后数据规范	行标	送审稿
52	集团客户识别与认定规范	行标	送审稿
53	移动证书应用技术规范	行标	草稿
54	金融行业信息系统技术风险管理指南	行标	草稿
55	金融领域电子单证应用技术规范	行标	草稿
56	互联网金融 个体网络借贷 电子合同技术规范	行标	草稿
57	互联网金融 信息披露 个体网络借贷	行标	草稿
58	互联网金融 个体网络借贷 借贷合同要素	行标	草稿
59	银行互联网渗透测试规范	行标	草稿
60	银行业第三方软件开发工具包（SDK）安全准入规范	行标	草稿
61	支付敏感信息的格式保留加密方法	行标	草稿
62	电子银行卡技术要求	行标	草稿
63	金融从业规范 风险管理	行标	草稿
64	金融从业规范 外汇交易	行标	草稿
65	金融信息系统加密服务的技术能力评价模型	行标	草稿
66	机器学习金融应用技术指引	行标	送审稿
67	基于大数据的支付风险智能防控技术规范	行标	送审稿
68	金融分布式账本技术应用 技术参考架构	行标	草稿
69	金融分布式账本技术应用 评价指标	行标	草稿
70	商业银行应用程序接口安全管理规范 【原名：开放银行安全技术规范】	行标	报批稿
71	人脸识别线下支付安全应用技术规范 【原名：人脸识别技术金融安全应用指南】	行标	送审稿
72	条码支付安全技术规范	行标	征求意见稿

续表

序号	在建标准名称	标准类别	进展阶段
73	条码支付受理终端技术规范	行标	征求意见稿
74	金融行业信息系统多活技术规范 术语	行标	送审稿
75	金融行业信息系统多活技术规范 参考架构	行标	送审稿
76	金融行业信息系统多活技术规范 应用指南	行标	送审稿
77	票据市场 商业汇票基础数据元	行标	草稿
78	分布式数据库技术金融应用规范 技术架构	行标	送审稿
79	分布式数据库技术金融应用规范 安全技术要求	行标	送审稿
80	分布式数据库技术金融应用规范 灾难恢复要求	行标	送审稿
81	基于分散密钥的数字证书认证技术规范	行标	草稿
82	条码支付互联互通技术规范	行标	草稿
83	支付系统行号编码及相关属性规范	行标	草稿
84	金融行业商用密码应用安全性评估测评要求	行标	草稿
85	金融行业商用密码应用安全性评估过程指南	行标	草稿
86	金融行业商用密码应用基本要求	行标	送审稿
87	便民缴费金融应用技术规范	行标	送审稿
88	金融IT基础设施 术语	行标	草稿
89	金融IT基础设施 数据元	行标	草稿
90	金融IT基础设施 模块化机房技术规范	行标	送审稿
91	金融IT基础设施 数据中心动力系统规范	行标	草稿
92	金融IT基础设施 数据中心节能环保关键技术要求	行标	草稿
93	金融IT基础设施 服务器应用需求规划与技术要求	行标	草稿
94	金融IT基础设施 数据中心节能环保测评要求	行标	草稿
95	金融IT基础设施 数据中心租赁指南	行标	草稿
96	金融IT基础设施 电子信息系统机房基础设施运行维护规范	行标	送审稿
97	金融IT基础设施 存储应用实施指南	行标	草稿
98	金融IT基础设施 固态存储阵列设备及部件技术要求	行标	草稿
99	金融IT基础设施 固态存储阵列设备及部件测试规范	行标	草稿
100	金融从业规范 财富管理	行标	草稿
101	银行业组件化应用系统测试规范	行标	草稿
102	金融行业信息系统网络安全众测实施指南	行标	草稿
103	金融数据安全 数据传输安全规范	行标	草稿
104	金融数据安全 数据安全分级指南	行标	征求意见稿

续表

序号	在建标准名称	标准类别	进展阶段
105	金融机构ICT供应链安全风险管理指南	行标	草稿
106	金融数据安全　数据存储安全规范	行标	草稿
107	多方安全计算金融应用技术规范	行标	征求意见稿
108	金融Web应用　安全测试指南	行标	草稿
109	银行业业务模型建模指南（5部分）	行标	草稿
110	金融大数据平台总体技术要求	行标	草稿
111	金融大数据　术语	行标	草稿
112	商业银行理财业务和理财产品信息披露规范	行标	草稿
113	银行业理财信息登记数据元	行标	草稿
114	个人借款人风险管理规范	行标	草稿
115	银行间市场软件构件规范	行标	草稿
116	银行间市场软件构件评估规范	行标	草稿
117	交易后处理业务规范	行标	草稿
118	交易后处理技术规范	行标	草稿
119	云计算金融行业应用检测规范　容灾	行标	草稿
120	云计算技术金融应用检测规范　安全技术要求	行标	草稿
121	云计算技术金融应用检测规范　技术架构	行标	草稿
122	分布式账本贸易金融规范	行标	草稿
123	金融服务中参考数据分发规范	行标	草稿
124	金融机构环境信息披露指南	行标	草稿
125	环境权益融资工具	行标	草稿
126	绿色债券信用评级标准	行标	草稿
127	资产管理产品介绍要素　第1部分：银行理财产品	行标	征求意见稿
128	资产管理产品介绍要素　第3部分：信托产品	行标	征求意见稿
129	金融消费者投诉统计分类及编码　非银行支付机构	行标	草稿
130	云计算技术金融应用规范　技术架构	行标	送审稿
131	云计算技术金融应用规范　安全技术要求	行标	送审稿
132	云计算技术金融应用规范　容灾	行标	送审稿
133	债券发行招标与中标处理规范	行标	草稿
134	企业基本存款账户服务指南	行标	草稿
135	商业健康保险疾病代码	行标	送审稿
136	商业健康保险手术代码	行标	送审稿

续表

序号	在建标准名称	标准类别	进展阶段
137	电子保单 SM 系列密码应用标准	行标	草稿
138	保险业信息系统灾难恢复管理规范	行标	报批稿
139	保险移动应用信息安全基本要求	行标	送审稿
140	保险业信息系统应急预案编制基本规范	行标	草稿
141	保险业务要素数据规范	行标	征求意见稿
142	再保险数据交换标准	行标	草稿
143	行业信息共享平台数据交换规范	行标	草稿
144	保险公司数据中心建设基本规范	行标	草稿
145	保险行业网络建设基本规范	行标	报批稿
145	证券期货业投资者识别码	行标	报批稿
146	资产管理行业参与方编码规则	行标	草稿
147	证券投资基金编码规范	国标	报批稿
148	证券及相关金融工具 金融工具短名（FISN）	国标	送审稿
149	基于数据模型的数据挖掘工程方法	行标	草稿
150	证券期货业数据模型 第3部分：证券公司逻辑模型	行标	征求意见稿
151	证券期货业投资者权益相关数据的内容和格式 第1部分：证券	行标	报批稿
152	证券期货业投资者权益相关数据的内容和格式 第2部分：期货	行标	报批稿
153	证券期货业投资者权益相关数据的内容和格式 第3部分：基金	行标	报批稿
154	面向大数据应用的证券期货业外部数据规范	行标	草稿
155	证券期货业数据模型 第4部分：基金公司逻辑模型	行标	草稿
156	开放式基金业务数据交换协议	国标	报批稿
157	证券期货业与银行间业务数据交换协议 第1部分：三方存管、银期转账和结售汇业务	行标	报批稿
158	基金公司与托管行间托管业务数据交换协议	行标	草稿
159	证券交易数据交换协议	行标	报批稿
160	轻量级实时 STEP 消息传输协议	行标	报批稿
161	场外通用传输接口	行标	送审稿
162	证券期货业场外业务资金服务接口	行标	报批稿
163	基金行业数据集中备份接口规范	国标	报批稿
164	资本市场场外产品信息数据接口	行标	报批稿
165	证券市场交易结算资金监控数据接口 第1部分：证券公司	行标	送审稿
166	证券市场交易结算资金监控数据接口 第2部分：商业银行	行标	送审稿

续表

序号	在建标准名称	标准类别	进展阶段
167	证券市场交易结算资金监控数据接口 第3部分：证券登记结算机构	行标	送审稿
168	证券市场交易结算资金监控数据接口 第4部分：场外业务相关机构	行标	送审稿
169	证券期货业机构内部接口 资产管理投资交易	行标	报批稿
170	证券期货业机构内部接口 资产管理估值核算	行标	报批稿
171	证券期货业机构内部接口 账户管理	行标	报批稿
172	证券期货业机构内部接口 资讯数据	行标	送审稿
173	证券期货业机构内部接口 证券交易	行标	报批稿
174	证券期货经营机构内部应用系统日志规范	行标	草稿
175	公开募集证券投资基金信息披露电子化规范	行标	报批稿
176	上市公司公告电子化规范 第1部分：公告分类	行标	草稿
177	上市公司公告电子化规范 第2部分：首次披露	行标	草稿
178	上市公司公告电子化规范 第3部分：交易类临时公告	行标	草稿
179	上市公司公告电子化规范 第4部分：公司治理类临时公告	行标	草稿
180	上市公司公告电子化规范 第5部分：权益变动类临时公告	行标	草稿
181	上市公司公告电子化规范 第6部分：融资类临时公告	行标	草稿
182	上市公司公告电子化规范 第7部分：其他临时公告	行标	草稿
183	上市公司公告电子化规范 第8部分：定期报告	行标	草稿
184	挂牌公司信息披露电子化规范 第1部分：公告分类及分类标准框架	行标	送审稿
185	挂牌公司信息披露电子化规范 第2部分：定期报告	行标	送审稿
186	挂牌公司信息披露电子化规范 第3部分：临时报告	行标	送审稿
187	证券期货业信息技术服务连续性管理指南	行标	送审稿
188	证券期货业大数据平台性能测试指引	行标	征求意见稿
189	证券期货业移动互联网应用程序安全规范	行标	报批稿
190	证券期货业软件测试指南 软件安全测试	行标	报批稿
191	证券期货业云技术应用安全规范	行标	送审稿
192	证券期货业网络安全事件应急演练指南	行标	草稿
193	证券期货业信息安全运营管理指南	行标	草稿
194	证券期货业移动互联网应用程序安全检测规范	行标	草稿
195	证券期货业网络安全等级保护基本要求	行标	草稿
196	证券期货业网络安全等级保护测评要求	行标	草稿
197	证券期货业数据安全工作指引	行标	草稿
198	证券期货业数据安全风险防控 数据分类分级指引	国标	草稿

续表

序号	在建标准名称	标准类别	进展阶段
199	证券公司客户信息交换规范	行标	草稿
200	证券经营机构投资者适当性管理　投资者评估数据规范	行标	征求意见稿
201	资产管理产品介绍要素　第2部分：证券期货资产管理计划及相关产品	行标	送审稿
202	碳金融产品	行标	征求意见稿
203	期货合约要素	行标	报批稿
204	绿色私募股权投资基金基本要求	行标	草稿

附录 D　ISO/TC 68 已发布标准一览表

截至 2019 年 12 月 31 日，ISO/TC 68 现行有效标准 55 项，具体一览表如下。

序号	ISO 编号	所属分委会	标准名称
1	ISO/TR 14742：2010	TC 68/SC2	金融服务　密码算法及其使用建议
2	ISO 16609：2012	TC 68/SC2	金融服务　采用对称加密技术进行报文鉴别的要求
3	ISO/TR 19038：2005	TC 68/SC2	银行业务和相关金融服务　TDEA 运算模式实施指南
4	ISO 11568-1：2005	TC 68/SC2	银行业务　密钥管理（零售）第 1 部分：原则
5	ISO 11568-2：2012	TC 68/SC2	金融服务　密钥管理（零售）第 2 部分：对称密码及其密钥管理和生命周期
6	ISO 11568-4：2007	TC 68/SC2	银行业务　密钥管理（零售）第 4 部分：非对称密码系统及其密钥管理和生命周期
7	ISO 19092：2008	TC 68/SC2	金融服务　生物特征识别安全框架
8	ISO 21188：2018	TC 68/SC2	用于金融服务的公钥基础设施实施和策略框架
9	ISO 9564-1：2017	TC 68/SC2	金融服务　个人识别码的管理与安全　第 1 部分：卡基系统中联机 PIN 处理的基本原则和要求
10	ISO 20038：2017	TC 68/SC2	银行及相关金融服务　密钥包
11	ISO 9564-2：2014	TC 68/SC2	金融服务　个人识别码的管理与安全　第 2 部分：核准的 PIN 加密算法
12	ISO 9564-4：2016	TC 68/SC2	金融服务　个人识别码的管理与安全　第 4 部分：电子商务支付业务中的 PIN 处理指南
13	ISO 13492：2019	TC 68/SC2	金融服务　密钥管理相关数据元　ISO 8583-1 用于加密的数据元的应用和使用
14	ISO 13491-1：2016	TC 68/SC2	金融服务　安全加密设备（零售）第 1 部分：概念、要求和评价（估）方法
15	ISO 13491-2：2017	TC 68/SC2	金融服务　安全加密设备（零售）第 2 部分：金融交易中设备安全符合性检测清单
16	ISO/TR 21941：2017	TC 68/SC2	金融服务　第三方支付服务供应商
17	ISO 4217：2015	TC 68/SC8	表示货币的代码
18	ISO 6166：2013	TC 68/SC8	证券及相关金融工具　国际证券识别编码体系（ISIN）

续表

序号	ISO 编号	所属分委会	标准名称
19	ISO 9019：1995	TC 68/SC8	证券证书号码
20	ISO 9362：2014	TC 68/SC8	银行业务 银行电讯报文 银行标识代码（BIC）
21	ISO 10383：2012	TC 68/SC8	证券和相关金融工具 交易所和市场识别码（MIC）
22	ISO 10962：2015	TC68/SC8	证券及相关金融工具 金融工具分类（CFI 码）
23	ISO 13616-1：2007	TC 68/SC8	金融服务国际银行账号（IBAN）第 1 部分：IBAN 的结构
24	ISO 13616-2：2007	TC 68/SC8	金融服务国际银行账号（IBAN）第 2 部分：注册机构的角色和职责
25	ISO 17442：2019	TC 68/SC8	金融服务 法人识别编码
26	ISO 18774：2015	TC 68/SC8	证券和相关金融工具 金融工具短名（FISN）
27	ISO 20275：2017	TC 68/SC8	金融服务 机构法律形式（ELF）
28	ISO/TR 21797：2019	TC 68/SC8	金融服务参考数据 金融工具识别概况
29	ISO 1004-1：2013	TC 68/SC9	信息处理磁墨字符识别 第 1 部分 E13B 的印制规范
30	ISO 1004-2：2013	TC 68/SC9	信息处理磁墨字符识别 第 2 部分 CMC7 的印制规范
31	ISO 8532：1995	TC 68/SC9	证券证书号码传输格式
32	ISO 8583-1：2003	TC 68/SC9	产生报文的金融交易卡交换报文规范 第 1 部分：报文、数据元素和代码值
33	ISO 8583-2：1998	TC 68/SC9	产生报文的金融交易卡交换报文规范 第 2 部分：机构标识代码（IIC）的申请及注册规程
34	ISO 8583-3：2003	TC 68/SC9	产生报文的金融交易卡交换报文规范 第 3 部分：报文、数据元和代码值的维护规程
35	ISO 9144：1991	TC 68/SC9	证券光字符识别线位置和结构
36	ISO 11649：2009	TC 68/SC9	金融服务 银行核心业务 汇款信息中收款方参考号
37	ISO 20022-1：2013	TC 68/SC9	金融服务 金融业通用报文方案第 1 部分：元模型
38	ISO 20022-2：2013	TC 68/SC9	金融服务 金融业通用报文方案第 2 部分：UML 概况
39	ISO 20022-3：2013	TC 68/SC9	金融服务 金融业通用报文方案第 3 部分：建模
40	ISO 20022-4：2013	TC 68/SC9	金融服务 金融业通用报文方案第 4 部分：XML Schema 生成
41	ISO 20022-5：2013	TC 68/SC9	金融服务 金融业通用报文方案第 5 部分：反向工程
42	ISO 20022-6：2013	TC 68/SC9	金融服务 金融业通用报文方案第 6 部分：报文传输特性
43	ISO 20022-7：2013	TC 68/SC9	金融服务 金融业通用报文方案第 7 部分：注册
44	ISO 20022-8：2013	TC 68/SC9	金融服务 金融业通用报文方案第 8 部分：ASN.1 生成
45	ISO 12812-1：2017	TC 68/SC9	移动金融服务 第 1 部分：基本框架

续表

序号	ISO 编号	所属分委会	标准名称
46	ISO/TS 12812-2：2017	TC 68/SC9	移动金融服务 第2部分：移动金融服务的安全和数据保护
47	ISO/TS 12812-3：2017	TC 68/SC9	移动金融服务 第3部分：金融应用生命周期管理
48	ISO/TS 12812-4：2017	TC 68/SC9	移动金融服务 第4部分：移动的个人对个人支付
49	ISO/TS 12812-5：2017	TC 68/SC9	移动金融服务 第5部分：移动的个人对企业支付
50	ISO 15022-1：1999	TC 68/SC9	证券报文方案（数据域字典）第1部分：数据域和报文设计规则指南
51	ISO 15022-1：1999/Cor1：1999	TC 68/SC9	证券报文方案（数据域字典）第1部分：数据域和报文设计规则指南
52	ISO 15022-2：1999	TC 68/SC9	证券报文方案（数据域字典）第2部分：数据域字典和报文目录的维护
53	ISO 15022-2：1999/Cor1：1999	TC 68/SC9	证券报文方案（数据域字典）第2部分：数据域字典和报文目录的维护
54	ISO 18245：2003	TC 68/SC9	金融零售业务商户类别代码
55	ISO 22307：2008	TC 68/SC9	金融服务 隐私影响评估